CAHIERS PHILOSOPHIQUES

n° 155 / 4e trimestre 2018

CAHIERS PHILOSOPHIQUES
est une publication de la Librairie Philosophique J. Vrin
6, place de la Sorbonne
75005 Paris
www.vrin.fr
contact@vrin.fr

Sites internet
www.vrin.fr/cahiersphilosophiques.htm
http://cahiersphilosophiques.hypotheses.org
www.cairn.info/revue-cahiers-philosophiques.htm

Suivi éditorial
MARGOT HOLVOET

Abonnements
FRÉDÉRIC MENDES
Tél. : 01 43 54 03 47 – Fax : 01 43 54 48 18
fmendes@vrin.fr

Vente aux libraires
Tél. : 01 43 54 03 10
comptoir@vrin.fr

La revue reçoit et examine tous les articles, y compris ceux qui sont sans lien avec les thèmes retenus pour les dossiers. Ils peuvent être adressés à : cahiersphilosophiques@vrin.fr. Le calibrage d'un article est de 45 000 caractères, précédé d'un résumé de 700 caractères, espaces comprises.

ISSN 0241-2799
ISSN numérique : 2264-2641
ISBN 978-2-7116-6006-3
Dépôt légal : décembre 2018

SOMMAIRE

ÉDITORIAL

DOSSIER
PENSÉE STATISTIQUE, PENSÉE PROBABILISTE

9 **Statistiques : du social à la science et retour**
Olivier Rey

21 **Statistiques, probabilités et justice**
Leïla Schneps

37 **La probabilité a-t-elle une source objective ou subjective?**
Un dialogue (imaginaire) entre Hans Reichenbach et Bruno de Finetti
Alexis Bienvenu

47 **Cavaillès et le calcul des probabilités**
Hourya Benis-Sinaceur

ÉTUDES

65 **Le service de l'État : Machiavel et Montaigne face à une nouvelle vertu**
Vincent Renault

LES INTROUVABLES DES CAHIERS

81 **Le calcul des probabilités et la mentalité individualiste**
Émile Borel. Présentation d'Alain Bernard

SITUATIONS

97 **L'entrelacs des probabilités et de la statistique**
Entretien avec Laurent Mazliak

PARUTIONS

107 **Angelo Giavotto, *Interlocuteur de soi-même. La dialectique de Marc-Aurèle***

ÉDITORIAL

« Qu'est-ce qui dans le calcul des probabilités heurte à ce point la sensibilité de beaucoup d'hommes que ceux-là seulement l'acceptent pour vrai dont la raison est assez forte pour suivre dans tous leurs détails les déductions logiques ? ». Telle est, en 1908, l'interrogation de Borel dans un opuscule consacré aux relations entre probabilités et « mentalité individualiste »[1]. Cette antipathie envers les probabilités est d'autant plus étonnante que, dans la vie quotidienne, il n'est rien de plus ordinaire que le pari, associé le plus souvent à une estimation de ce qu'on est « prêt à parier ». Dans le « Canon de la raison pure », Kant fait d'ailleurs de cette évaluation la « pierre de touche » qui permet de différencier ce qui relève de la simple persuasion et ce qui relève d'une croyance solide. « La croyance pragmatique possède [...] un degré qui, selon la différence des intérêts qui s'y trouvent en jeu, peut être grand ou petit »[2]. Le fait que nous soyons prêts à miser beaucoup, à « mettre notre main à couper », ne dit rien de la rigueur de notre évaluation : cela dénote seulement notre degré d'assurance. Nous faisons constamment usage, parfois sans en avoir une conscience claire, ni *a fortiori* justifiée, de la catégorie de « probable », sans en passer par un raisonnement véritable, encore moins par un calcul rigoureux.

Le calcul probabiliste est contre-intuitif et la confrontation aux conclusions certaines qui en découlent est difficile voire impossible dans certains cas. On répertorie ainsi une multitude d'erreurs judiciaires qui auraient pu être évitées par une utilisation correcte de la théorie des probabilités[3]. Les obstacles sont à la fois logiques et psychologiques. Ils sont renforcés par les lacunes d'une éducation mathématique qui n'exerce pas la faculté d'estimation numérique des élèves. Il serait possible et utile d'apprendre à décrire la réalité au moyen des nombres : combien de bonbons dans cette boîte, de pas pour traverser cette pièce, de cheveux sur la tête, etc... et d'acquérir de la sorte le sens des grands et des petits nombres, et au-delà, des ordres de grandeurs. La possibilité réelle d'une « coïncidence » pourrait ainsi être plus aisément appréciée et le poids respectif des « preuves » mieux évalué. Dans le contexte judiciaire, il est fréquent d'argumenter à partir du constat d'une coïncidence dont la probabilité est très faible et d'en inférer que l'explication la plus plausible est que celle-ci résulte d'un acte intentionnel. Une telle inférence n'est pourtant pas rigoureuse et constitue une manifestation du « sophisme du procureur ». Deux probabilités distinctes sont ainsi souvent confondues : celle qu'un accusé soit innocent étant donné une coïncidence troublante et celle qu'une telle coïncidence puisse se produire dans le cas où l'accusé serait innocent. Les formules mathématiques permettant de calculer ces probabilités sont

1. *Cf.* É. Borel, « Le calcul des probabilités et la mentalité individualiste », p. 81 *infra*.
2. E. Kant, *Critique de la raison pure*, Paris, GF-Flammarion, 2001, p. 669-670.
3. *Cf.* L. Schneps, « Statistiques, probabilité et justice », p. 21 *infra*.

inverses l'une de l'autre et de ce fait, clairement distinctes, quoique cette clarté ne soit pas immédiatement accessible.

Il existe de surcroît une sorte de biais psychologique. Le cerveau humain semble opérer une différenciation nette entre les événements qui surviennent par hasard et ceux qui pourraient résulter d'un acte intentionnel. Les statistiques qui concernent les premiers parviennent à nous convaincre qu'un événement rare est possible mais pas celles qui concernent des actes volontaires. Tout se passe comme si notre croyance au libre-arbitre échappait en quelque sorte à la théorie des probabilités et nous incitait à toujours supposer des intentions volontaires, ce qui renforce, sans preuves, l'idée d'une culpabilité.

Si ces difficultés tiennent au bout du compte à une forme d'ignorance à laquelle il est possible de remédier, la notion de probabilité en elle-même fait l'objet de profondes interrogations épistémologiques, en dépit de son efficacité calculatoire. Ainsi Cavaillès juge-t-il dans un premier travail datant de 1925 que les raisonnements probabilistes sont « trop souples », contrastant avec « la certitude rigide des mathématiques »[4]. S'intéresser aux mathématiques, c'est rechercher « l'essence de la pensée rationnelle », là où le calcul probabiliste s'apparente bien davantage à une simple technique. Si l'on n'accorde pas d'importance à la relation des mathématiques à la physique et pas davantage aux mathématiques sociales, les probabilités demeurent un domaine secondaire et de moindre rigueur, qui ne dispose pas des moyens d'une véritable fondation théorique[5]. Mais n'est-ce pas toute science autre que les mathématiques qui se trouve ainsi disqualifiée ? Cavaillès critique vivement toute notion d'*approximation* dans la mesure où elle suppose « une réalité logiquement antérieure au calcul ou à la loi qui en est l'approximation ». Une certaine détermination de la *rigueur* scientifique est assurément en jeu dans cette discussion, en même temps qu'une caractérisation du rapport de la science à l'expérience. Pour Borel, mathématicien spécialiste des probabilités, la connaissance expérimentale est rigoureuse et le calcul probabiliste y contribue grandement.

Les philosophes des sciences du début du XXe siècle s'accordent sur l'identification d'une probabilité empirique à un pari mais le débat est vif quant aux caractéristiques de celui-ci : un pari est-il principalement *subjectif* ainsi que l'énonce De Finetti ? Tous les énoncés de probabilité concernant le monde empirique seront alors compris comme des degrés d'opinion à propos d'événements incertains. Ou repose-t-il sur une connaissance inductive et *objective* de la fréquence de certains événements, position développée longuement par Reichenbach[6] ? Cette discussion théorique engage la définition même de l'empirisme et l'interprétation de l'induction.

Le modèle fréquentiste fait appel à l'induction qui donne le moyen de modifier une probabilité en fonction des fréquences relevées. On suppose – par induction – que la fréquence observée sera constatée dans le futur et qu'il existe une convergence vers une certaine limite. On raisonne alors en

4. *Cf.* H. Benis-Sinaceur, « Cavaillès et le calcul des probabilités », p. 47 *infra*.
5. *Ibid.*, p. 47.
6. *Cf.* A. Bienvenu, « La probabilité a-t-elle une source objective ou subjective ? », p. 37-45 *supra*.

acceptant l'hypothèse d'une stabilisation de cette fréquence. On ne peut pas faire mieux que «parier» si on reste dans le cadre de l'empirisme scientifique.

Le modèle subjectiviste oppose une approche plus pragmatique et raisonne en termes de «degré de croyance», ce qui n'implique ni l'éloge de l'arbitraire ni celui du relativisme absolu[7]. Ainsi, l'opinion développée par un expert peut résulter d'un travail scientifique de longue haleine. Il convient donc de différencier les degrés de croyance et de s'assurer de leur compatibilité.

Les compagnies d'assurance n'entrent pas dans de telles discussions épistémologiques, elles ont simplement horreur de perdre de l'argent! Leur constant recours aux calculs de probabilités devient un argument pour affirmer «qu'il y a peu de sciences dont la valeur objective soit moins contestable»[8]. La pensée statistique et la pensée probabiliste se rejoignent sur le terrain de la mesure du risque alors qu'elles proviennent d'horizons très différents. La statistique ou «science camérale» n'est pas d'emblée mathématique, elle procède d'une exigence de gouvernement de territoires plus ou moins étendus et d'un besoin croissant d'informations sur ceux qui y vivent. Elle consiste d'abord à extraire des *indicateurs* à partir d'un ensemble de données collectées. Ainsi, quoique mathématiquement très simple à obtenir, le simple fait de considérer une moyenne «a constitué un pas de géant puisque la moyenne résume la collection»[9].

Les probabilités interviennent dans la statistique par la loi des grands nombres énoncée par Bernoulli au début du XVIIIe siècle. Loi qui stipule que lorsqu'on répète un grand nombre de fois une même expérience, la probabilité est très forte pour que la moyenne des résultats soit proche d'une valeur théorique déterminée. Le lancer d'une pièce de monnaie en est un bon exemple, il est très probable qu'au terme d'un nombre important de lancers on obtiendra une quantité égale de «face» et de «pile». Les débuts de «l'inférence statistique» sont associés au théorème de Bayes qui donne un moyen quantitatif, lors de l'observation d'un phénomène, pour déterminer parmi différentes causes lesquelles sont les plus probables.

On peut cependant considérer que s'est développé depuis le XIXe siècle un véritable «impérialisme statistique» à mettre en relation avec l'avènement de «grandes sociétés d'individus» qui constituent un «changement profond dans les modes d'êtres collectifs»[10]. C'est aussi le siècle de constitution de la sociologie, science qui peut tirer parti des enseignements fournis par les statistiques.

La thèse d'un renforcement réciproque de la pensée statistique et de l'individualisme n'est pas la seule possible. Borel réfléchit à la question politique de la finalité des statistiques, dans un débat qui oppose solidarisme et individualisme. Si l'individualisme est antisocial, les mathématiques sociales en revanche permettent de concevoir et de mettre en œuvre une notion «rationnelle» de solidarité.

7. *Ibid.* p. 43.
8. *Cf.* É. Borel, «Le calcul des probabilités et la mentalité individualiste», p. 85 *infra*.
9. *Cf.* «L'entrelacs des probabilités et de la statistique : Entretien avec Laurent Mazliak», p. 97 *infra*.
10. *Cf.* O. Rey, «Statistique : du social à la science et retour», p. 11 *infra*.

Il n'est pas question de chercher dans la statistique ni dans le calcul « des arguments pour consoler ceux qui souffrent des inégalités sociales »[11]. Mais « cela ne diminue en rien la valeur propre des statistiques ni des calculs par lesquels on les interprète » et qui sont autant de moyens de mieux connaître les événements passés et de prévoir avec une certaine approximation les événements futurs.

Savoir que telle maladie fait en moyenne un certain nombre de victimes, ou que les intempéries vont de manière fortuite produire un ensemble de dégâts, incite à ne pas se penser indépendant de son milieu et à comprendre que « c'est la société dans son ensemble qui subit un dommage », ce qui contribue à la conscience d'une solidarité. Développer de façon durable une « sécurité sociale » requiert une approche statistique aussi bien que probabiliste aux antipodes de ce que Borel qualifie d' « égoïsme inintelligent ».

Ce rapprochement entre pensée statistique et pensée probabiliste suscite de nouvelles questions, aussi bien politiques qu'épistémologiques. C'est la question de l'acceptabilité individuelle et sociale de l'usage des statistiques et des probabilités qui est posée. L'antipathie peut ici venir de notre réticence à être appréhendés, étudiés puis gouvernés de façon statistique. Antipathie étrange car « on n'a rien à redouter du calcul, lorsqu'on est décidé à ne pas régler sa conduite sur ses indications sans les avoir au préalable pesées à leur juste valeur : c'est une illusion singulière de penser que l'indépendance individuelle est accrue par l'ignorance »[12].

Nathalie Chouchan

11. *Cf.* É. Borel, *op. cit.*, p. 87.
12. *Ibid*, p. 88.

DOSSIER

Pensée statistique, pensée probabiliste

STATISTIQUE : DU SOCIAL À LA SCIENCE ET RETOUR

Olivier Rey

La place prise aujourd'hui par la statistique dans la vie sociale n'est pas extension aux affaires humaines d'une démarche scientifique : c'est dans le domaine humain que la statistique a pris son essor, avant de pénétrer les sciences de la nature et de devenir une discipline mathématique. La véritable explosion de la statistique quantitative au cours de la première moitié du XIXe siècle fut liée aux profondes transformations des réalités et des mentalités engendrées en Europe par les révolutions industrielles et politiques. La statistique s'est avérée l'instrument de connaissance et de gestion à la fois indispensable et adapté aux grandes sociétés d'individus contemporaines.

Alistair Cameron Crombie, dans son ouvrage majeur, *Styles of Scientific Thinking in the European Tradition* (1994), distingue six « styles » de pensée différents au sein de la pensée scientifique d'origine européenne. Parmi ces styles, figure « l'analyse *probabiliste* et *statistique* ». C'est un fait : désormais la statistique constitue une discipline mathématique à part entière, et intervient de façon décisive dans de nombreux secteurs des sciences de la nature, de la physique à la génétique. On peut alors avoir cette impression : la place prise aujourd'hui par la statistique dans la vie sociale serait imputable à une extension au domaine des affaires humaines d'une démarche scientifique. Or cette impression est fausse. Historiquement, la statistique n'a pas été de la science vers les affaires humaines, mais des affaires humaines à la science – avant de revenir vers la société nantie de sa nouvelle autorité scientifique. C'est ce parcours que nous nous proposons d'esquisser.

Statistique allemande et arithmétique politique anglaise

C'est au XVIIe siècle que le mot *Statistik* fit son apparition en Allemagne. Il était dérivé du latin moderne *statisticus*, relatif à l'État, par l'intermédiaire de l'italien *statistica* lui-même dérivé de *statista*, « homme d'État ». En latin, *status* signifiait « état » au sens de position, de situation, mais aussi de forme de gouvernement. En latin médiéval, *status* signifiait aussi « inventaire ». *Statistik* amalgame ces deux sens : avec elle, il s'agissait de renseigner les princes sur l'état de leurs États. Cette statistique était descriptive et essentiellement qualitative – elle était exprimée en langue courante et les nombres étaient assez rares. Il s'agissait moins de quantifier que de mettre en ordre. Une préoccupation majeure à cette époque était la sélection des informations qui méritaient d'être recueillies et l'élaboration d'un cadre formel dans lequel les insérer. Héritiers que nous sommes de ces mises en ordre, nous avons tendance à négliger les efforts qu'elles coûtèrent.

À la même époque en Angleterre, on ne parlait pas de statistique mais d'arithmétique politique. Il faut dire que les travaux étaient de nature différente. Beaucoup de membres de la *Royal Society of London for the Improvement of Natural Knowledge*, fondée au début des années 1660, étaient pénétrés de la doctrine empiriste, qui leur laissait penser que la science des phénomènes émergerait spontanément du rassemblement et de la compilation du plus grand nombre possible de mesures. C'est dans cette atmosphère d'« arithmomanie » que John Graunt entreprit d'agréger en tableaux les données recueillies dans les registres de naissance et de décès de la région de Londres – ce qui permit de faire émerger des régularités, dans les taux de naissance et de décès, dans la durée de vie, dans la proportion de garçons et de filles à la naissance, etc. L'ambition de William Petty allait plus loin : il entendait édifier un savoir sur l'homme fondé sur des grandeurs mesurables, comme il l'indique dans la préface de son traité *Political Arithmetick*, écrit dans les années 1670 et publié après sa mort, en 1690 :

> La méthode que j'adopte n'est pas très courante. En effet, au lieu de recourir à des comparatifs ou à des superlatifs, et à des discussions intellectuelles, j'ai pris le parti (comme spécimen de l'arithmétique politique à laquelle j'aspire depuis longtemps) de m'exprimer en termes de nombres, de poids, de mesures, d'utiliser le témoignage des sens, et de ne considérer que ces éléments qui ont leur fondement visible dans la nature, abandonnant ceux qui dépendent des esprits changeants, des opinions, des appétits et des passions d'hommes particuliers à la considération d'autres que moi[1].

Quelques années plus tard, l'économiste et homme politique Charles Davenant définit l'arithmétique politique comme « l'art de raisonner, par les

1. W. Petty, *The Economic Writings of Sir William Petty*, Ch.-H. Hull (éd.), 2 vols, Cambridge, Cambridge University Press, 1899, t. I, p. 244. La ponctuation est légèrement modifiée.

nombres, sur les questions relatives au gouvernement »[2]. Selon la formule heureuse de Jean-Claude Perrot, le statisticien allemand pouvait être comparé à un naturaliste, alors que l'arithméticien politique anglais se voulait une sorte de physicien.

Le mot « statistique » n'est pas apparu en français avant les années 1760 – de même « *statistics* » en anglais. C'est ce mot qui s'imposera au XIXe siècle, mais ce triomphe ne veut pas dire que l'héritage de l'arithmétique politique sera oublié, bien au contraire. La statistique comporte deux grands aspects : d'une part, la collecte, le rassemblement et l'organisation de données, d'autre part le traitement qui peut en être fait pour en inférer certains résultats (c'est ici qu'un lien s'établit entre statistique et théorie des probabilités, dans la mesure où les inférences auxquelles le traitement des données aboutit vont souvent être affectées d'un degré de probabilité).

L'explosion du XIXe siècle

C'est au cours de la première moitié du XIXe siècle que la statistique numérique va littéralement exploser. À partir de 1820 ce fut, pour reprendre l'expression de Ian Hacking, une véritable « avalanche de nombres imprimés » qui déferla sur l'Europe[3]. La chronologie et l'ampleur différèrent un peu selon les pays, mais le mouvement fut général. Dans l'ouvrage que le statisticien et économiste danois Harald Westergaard a consacré à l'histoire de la statistique, le chapitre consacré à ces deux décennies a pour titre : « L'ère de l'enthousiasme »[4]. Louis Chevalier parle quant à lui de « mentalité statistique », d'« impérialisme statistique », de « torrent statistique », d'entreprise statistique ayant « les dimensions d'une cosmogonie »[5]. Les statistiques étaient de tous ordres : démographiques, industrielles, commerciales, agricoles, médicales, sanitaires, morales, scolaires, criminelles, biométriques, assurancielles... John Theodore Merz, auteur d'une monumentale histoire de la pensée européenne au XIXe siècle, a écrit à juste titre : « Nous pourrions appeler notre siècle – pour le distinguer de ceux qui l'ont précédé – le siècle statistique »[6]. Le XXe n'a fait que prolonger la tendance. Comment comprendre la spectaculaire efflorescence statistique au XIXe siècle ? Notre thèse est que le phénomène est solidaire d'un changement profond dans les modes d'être collectifs, avec l'avènement de grandes sociétés d'individus.

La société des individus

Le terme *individuum* est la traduction du grec *atomos* – ce qu'on ne peut pas couper. Dans le latin médiéval, le terme servait à désigner l'objet

2. C. Davenant, « On the use of political arithmetic, in all considerations about the revenues and trade », *in* C. Whitworth (ed.), *The Political and Commercial Works of that celebrated writer, Charles Davenant* [1698], 5 vol., London, Robert Horsefield *et al.*, 1771, vol. I, Part I, p. 128.

3. I. Hacking, *The Taming of Chance* [1990], Cambridge – New York, Cambridge University Press, 2010, chap. 3, p. 18.

4. H. Westergaard, *Contributions to the History of Statistics* [1932], Den Haag, Mouton Publishers, 1969, chap. XIII.

5. Voir L. Chevalier, *Classes laborieuses et classes dangereuses à Paris pendant la première moitié du XIXe siècle* [1958], Paris, Perrin, 2007, livre I.

6. J. T. Merz, *A History of European Thought in the Nineteenth Century*, 4 vol., Edinburgh – London, William Blackwood & Sons, 1896-1912, t. II (1903), chap. XII : « On the Statistical View of Nature », p. 567.

indivisible auquel on parvient au terme d'un processus de division : partant du genre, de l'espèce, on arrive après subdivisions successives en variétés, sous-variétés, etc., à l'individu, où l'opération doit s'arrêter. C'est à partir du XVIIe siècle que le mot se mit à être employé pour désigner spécialement un membre de l'espèce humaine, en même temps que se produisait un retournement : l'individu, de *terme* d'une division, apparut comme un *point de départ*, à partir duquel les réalités collectives se constituent. Et c'est alors que ces collectivités prirent le nom de « société ».

En latin, le terme *societas* désignait préférentiellement ce qu'on appellerait aujourd'hui une association, une union, une alliance, une mise en commun sur une base volontaire, active et intéressée. À l'époque moderne, la notion de « société » s'inscrivait dans cette lignée. Dans le dictionnaire de Richelet (1680), une société est définie comme un « contrat de bonne foi par lequel on met en commun quelque chose pour en profiter honnêtement. (Entrer en société avec quelqu'un. Rompre le contrat de société qu'on avait fait avec une personne) ». Dans le dictionnaire anglais de Samuel Johnson (1755), *Society* a pour premier sens : « *Union of many in one general interest* ». On voit que la société ne désigne pas ici une collectivité humaine en général mais seulement, parmi ces collectivités, celles qui résultent d'un *contrat*, orientées vers un but. De ce point de vue, l'expression « contrat social » est en quelque sorte un pléonasme. C'est ce qui permet de comprendre la fortune extraordinaire du terme au cours des derniers siècles : concevoir les groupes humains comme sociétés, c'est sous-entendre que l'individu *préexiste* à la vie en commun, et qu'il n'entre dans cette vie en commun que par un acte délibéré. Une telle conception nécessite une *dissociation* préalable des anciennes *communautés*, pour en abstraire les *individus* qui, ensuite, se décident à vivre en *société*. Comme l'a parfaitement résumé Ferdinand Tönnies : « Selon la théorie de la société, celle-ci est un groupe d'êtres humains qui, comme dans la communauté, vivent et demeurent pacifiquement les uns à côté des autres, mais qui, au lieu d'être essentiellement liés, sont au contraire essentiellement séparés ; et alors que dans la communauté, ils restent liés en dépit de tout ce qui les sépare, dans la société ils restent séparés en dépit de tout ce qui les lie »[7].

Une des fonctions de la statistique : recomposer une idée d'un tout désarticulé

Il faut sans doute comprendre les notions de communauté et de société comme ce que Weber a appelé des idéaux-types, qui peuvent ne jamais se rencontrer dans leur pureté dans la réalité, mais qui permettent d'appréhender certains aspects de celle-ci. Par ailleurs, le passage d'un mode de vie communautaire dominant à un mode de vie social dominant a été un processus de longue durée. Il a toutefois connu une accélération déterminante au cours

7. F. Tönnies, *Communauté et Société* [1887], trad. fr. N. Bond et S. Mesure, Paris, Presses Universitaires de France, 2010, livre I, § 19, p. 45.

du XIXe siècle, sous les effets combinés de la révolution industrielle, qui a fait migrer de larges portions de la population des campagnes vers les grands centres urbains, et des révolutions politiques, qui ont favorisé l'émancipation des individus vis-à-vis des anciennes structures communautaires.

Aux XVIIe et XVIIIe siècles, il ne manquait pas de ministres et d'administrateurs pour souhaiter disposer de statistiques fiables propres à les éclairer sur la situation et à orienter leur action. Mais les efforts qu'ils déployaient en ce sens se heurtaient à deux obstacles majeurs. Le premier était l'absence ou la faiblesse des institutions et du personnel dont ils disposaient pour recueillir et centraliser les données. Le second tenait à la tension entre un monde où les structures communautaires étaient encore très fortes, et la logique statistique qui doit traverser les communautés pour aller jusqu'aux réalités individuelles, à partir desquelles elle entend donner une image d'ensemble. Les habitants, par exemple, répugnaient à se faire compter. Non seulement parce qu'ils craignaient, non sans quelque raison, que ce comptage servît à asseoir de nouveaux impôts, mais encore parce qu'un tel procédé choquait des consciences selon lesquelles les individus certes existaient, mais en tant que membres des communautés auxquelles ils appartenaient – familles, villages, ordres, corporations, etc. Pareille tension était particulièrement vive dans le cas des dénombrements : la logique qui présidait au comptage entrait en contradiction avec toutes les catégories qui structuraient l'Ancien Régime. Si le clergé, la noblesse et le tiers état étaient également représentés aux États généraux, c'est que ce qui était à représenter étaient les ordres, non les individus. Lorsqu'on se met à dénombrer, on mesure la disproportion dans la représentation des individus en fonction de l'ordre auquel ils appartiennent. En procédant à des décomptes, l'État monarchique cherchait à mieux exercer son pouvoir, mais il sapait ses propres principes ; il se renforçait en tant qu'État, mais s'affaiblissait en tant que monarchie structurée en ordres.

Il en va tout autrement à l'intérieur des grandes sociétés d'individus qui se constituent au XIXe siècle. Ces sociétés avaient besoin de nouvelles formes de représentation d'elles-mêmes, adaptées à leurs modes d'organisation et à leur complexité, au sein de laquelle les individus étaient en manque de repères. Représentations au sens politique du terme, mais aussi au sens d'images que l'on se fait de la réalité, afin de s'y situer et de s'y orienter. Telle fut dès lors une des fonctions de la statistique : aider à recomposer une idée d'un tout désarticulé, où les structures traditionnelles se sont sinon effacées du moins considérablement affaiblies ; « exercer une fonction de *miroir* »[8] – miroir social offrant à chacun une idée de l'ensemble dont il était partie prenante, tout en ne concevant pas cet ensemble autrement que comme la somme des individus dont il était constitué. Autant la statistique était en tension avec un monde composé de communautés, autant elle se trouve en accord avec un monde composé d'individus. Cela explique en grande partie son immense succès.

8. P. Rosanvallon, *Le Peuple introuvable. Histoire de la représentation démocratique en France* [1998], Paris, Gallimard, 2010, chap. VIII, p. 381.

Statistique et science de l'homme

Concurremment à l'explosion statistique, le XIXe siècle a aussi été le siècle où la sociologie s'est constituée – et le premier phénomène ne pouvait manquer d'influer sur le second. Les difficultés à comprendre ces objets inédits dans l'histoire qu'étaient de vastes sociétés d'individus en évolution rapide donnèrent un relief particulier aux régularités que les études statistiques mirent en évidence dans les caractéristiques et les comportements humains. De là l'espoir que certains placèrent dans la statistique pour édifier une science de la société. On lit par exemple, dans le rapport annuel de la Société statistique de Londres en 1839 : « Les principales nations d'Europe et les États-Unis d'Amérique s'efforcent tous d'établir les vrais principes de la science sociale, poursuivant à cet effet des travaux statistiques avec la conviction sans cesse croissante de l'importance qu'il y a à rassembler et publier les données numériques concernant les questions d'intérêt social ».

Le représentant le plus en vue de ce courant fut le Belge Adolphe Quételet qui, se lançant dans des études anthropométriques, découvrit que, lorsqu'on mesure un même caractère (par exemple la taille) sur un très grands nombre de sujets, ces très nombreuses mesures se répartissent de la même manière, autour d'une valeur moyenne, que les différentes mesures d'un même objet, entachées d'erreurs aléatoires (ce pourquoi on parlait alors de « loi des erreurs » – on préfère aujourd'hui dire loi normale, ou gaussienne). On ne saurait sous-estimer l'impression que produisit un tel constat. Au moment même où les ambitions de maîtrise scientifique du monde humain semblaient condamnées à l'échec du fait du nombre et de la variété des individus dont il était constitué, il apparaissait que ce nombre pouvait au contraire s'avérer le plus précieux allié pour faire émerger, de la variété même, des régularités. Des décennies après la découverte de Quételet, Francis Galton était encore émerveillé par la loi normale :

> Un sauvage, s'il pouvait la comprendre, la vénérerait comme un dieu. Elle règne avec sérénité et la plus entière discrétion au milieu de la plus violente confusion. Plus énorme est la foule et plus grande l'anarchie, plus parfaite est sa domination. Prenez un large assortiment d'éléments hétéroclites et classez-les par ordre de taille : alors, aussi totalement disparates qu'ils aient semblé, une forme insoupçonnée et magnifique de régularité se révélera avoir été toujours présente[9].

Ce qui retint particulièrement l'attention de Quételet fut la régularité émergeant du nombre, mais plus encore le fait que cette régularité épousait ladite loi des erreurs. Cette coïncidence conduisait Quételet à interpréter la diversité humaine comme variations autour d'un *homme moyen :* « Tout se passe donc comme s'il existait un homme type, dont tous les autres hommes s'écartent plus ou moins »[10] – les hommes réels se répartissant autour du modèle

9. F. Galton, « President's Address », in *The Journal of the Anthropological Institute of Great Britain and Ireland* 15, 1886, p. 494-495.

10. A. Quételet, *Lettres à S.A.R. le duc régnant de Saxe-Cobourg et Gotha sur la théorie des probabilités, appliquée aux sciences morales et politiques*, Bruxelles, Hayez, 1846, lettre XXI, p. 142.

comme les flèches des archers autour du centre de la cible. Un autre aspect par lequel les statistiques humaines marquèrent profondément les esprits fut que l'ordre qu'elles faisaient apparaître ne concernait pas seulement les traits physiques, mais aussi les comportements. Le fait apparaissait encore plus impressionnant lorsque la régularité concernait précisément les comportements irréguliers : les statistiques dites morales suggéraient que même les actes antisociaux obéissaient à une nécessité sociale. Comme le résumait Quételet : « L'homme, comme individu, semble agir avec la latitude la plus grande; sa volonté ne paraît connaître aucunes bornes, et cependant, comme je l'ai déjà fait observer plusieurs fois, *plus le nombre des individus que l'on observe est grand, plus la volonté individuelle s'efface et laisse prédominer la série des faits généraux qui dépendent des causes en vertu desquelles la société existe et se conserve* »[11]. On ne saurait sous-estimer le rôle qu'a joué la statistique, au XIXe siècle, pour accréditer l'idée d'une autonomie de la société, sécrétant ses propres lois – que gouvernants et législateurs devaient prendre en compte au lieu de prétendre les imposer. Criminalité, éducation, droit, justice, impôts, commerce, affaires, salaires, prix, police, concurrence, propriété de la terre : William Newmarch, secrétaire de la Société statistique de Londres, affirmait que « tous les sujets, du plus grand au plus petit, dont les anciens législateurs traitaient selon un caprice aussi absolu que celui du potier envers son récipient – tous se sont avérés posséder leurs lois propres, complètes et irrécusables. S'est d'ores et déjà formée à l'étranger une idée, plus ou moins distincte, de ce qui a été appelé, provisoirement peut-être, science sociale »[12]. Newmarch se félicitait de voir cette idée également progresser en Angleterre. La science sociale qu'il évoquait, la statistique, avait contribué à en former l'idée et en constituait, selon lui, un instrument indispensable.

On ne saurait sous-estimer le rôle qu'a joué la statistique au XIXe siècle

Cela étant, il s'en faut que tous les promoteurs d'une science de la société aient partagé cette position. Auguste Comte, en particulier, fut ulcéré de voir son expression de « physique sociale » être reprise par Quételet, dans le « titre d'un ouvrage où il s'agit tout au plus de simple statistique »[13]. C'est ce qui le conduisit à abandonner le syntagme « physique sociale » pour le néologisme de « sociologie », qui s'imposa. Pour Comte, la société avait bien plus de réalité que les individus qui en étaient abstraits, et ce n'était donc certainement pas en rassemblant des données individuelles, comme le faisaient les statistiques sociales, que l'on pouvait bâtir une science de la société.

11. A. Quételet, *Sur la possibilité de mesurer l'influence des causes qui modifient les éléments sociaux. Lettre à M. Villermé, de l'Institut de France, etc.*, Bruxelles, Hayez, 1832, p. 1-2 (les italiques sont dans le texte original).

12. W. Newmarch, « Some Observations on the Present Position of Statistical Inquiry with Suggestions for Improving the Organization and Efficiency of the International Statistical Congress », *Journal of the Statistical Society of London* 23, 1860, p. 362-363.

13. A. Comte, *Cours de philosophie positive* [1830-1842], M. Allal Sinaceur, F. Dagognet et M. Serres (éd.), 2 vol., Hermann, 1975, 46e leçon (1839), t. II, p. 15. L'ouvrage visé est l'*opus magnum* de Quételet, *Sur l'homme et le développement de ses facultés, ou essai de physique sociale* (1835).

Dans les faits, les statistiques sociales jouèrent un rôle ambigu : d'un côté, les régularités qu'elles mettaient en évidence contribuèrent grandement à convaincre de l'existence d'un domaine social ayant ses lois propres, impossibles à déduire du comportement de l'individu isolé et échappant à l'emprise des gouvernements ; de l'autre, par leur nature même, elles entretenaient l'idée que la société n'était rien d'autre que la somme des êtres qui la composaient. C'est pourquoi, dans le grand débat entre « holisme » et « individualisme méthodologique », la statistique joua un rôle ambivalent. Les régularités qu'elle mettait au jour, en suggérant que les comportements individuels obéissaient à des déterminismes sociaux, purent servir d'argument aux tenants du holisme, tandis que les partisans de l'individualisme méthodologique se montraient réticents ou critiques à l'égard de la statistique, accusée d'oublier ou d'écraser les individus. Mais inversement, les « holistes » apprirent à distinguer les réalités authentiquement sociales des simples amalgames statistiques (que l'on pense, par exemple, à la différence durkheimienne entre « type collectif » et « type moyen »), tandis que les « individualistes méthodologiques » se mirent à trouver à la statistique de grandes vertus, et à la reconnaître comme un instrument approprié à la construction et à la compréhension du social à partir des individus. Ce débat illustre à sa façon le rôle décisif que joua la statistique – fût-ce pour s'en démarquer – dans la constitution d'une science de la société.

Du social aux sciences de la nature

Nous avons d'emblée souligné que l'empire actuel de la statistique n'est pas imputable à une colonisation des affaires humaines par une démarche scientifique, dans la mesure où c'est précisément dans l'appréhension et la gestion des affaires humaines que la statistique est née et s'est développée, avant de pénétrer les sciences de la nature puis, plus tard encore, de devenir une discipline mathématique. Comment cette entrée de la statistique dans les sciences s'est-elle effectuée ?

La première voie fut la physique. Il s'agissait de marier la thermodynamique alors en plein essor avec la conception mécaniste du monde héritée d'Isaac Newton, en cherchant à comprendre les lois macroscopiques de la thermodynamique à partir du comportement des particules dont on supposait la matière composée. C'est James Clerk Maxwell qui, le premier, fit usage en 1860 d'une distribution statistique des positions et vitesses des molécules d'un gaz pour rendre compte de son comportement observable. La façon dont Maxwell présenta la chose à ses collègues vaut la peine d'être examinée.

> Tant que nous ne nous occupons que de deux molécules, et que nous possédons toutes les données, nous pouvons calculer le résultat de leur rencontre ; mais lorsque nous devons nous occuper de millions de molécules, dont chacune d'entre elles entre en collision des millions de fois par seconde, la complexité du problème semble exclure tout espoir de solution valable. Les atomistes modernes ont par conséquent adopté une méthode qui est, je crois, nouvelle dans le département de la physique mathématique, même si elle est en usage depuis longtemps dans la section de statistique. Quand les membres de

cette section reçoivent un rapport de recensement, ou tout autre document contenant les données numériques de la science économique et sociale, ils commencent par répartir la population en différents groupes, selon l'âge, l'impôt, l'instruction, la religion ou les condamnations criminelles. Le nombre des individus est beaucoup trop grand pour qu'il soit possible de retracer l'histoire de chacun en particulier, de sorte que, pour ramener leur travail aux capacités humaines, ils concentrent leur attention sur un petit nombre de groupes artificiels. Le nombre variable d'individus dans chaque groupe, et non l'état variable de chaque individu, est la donnée primaire à partir de laquelle ils travaillent[14].

On voit que pour présenter son travail, Maxwell puise ses exemples dans la statistique administrative. Au demeurant, c'est parce qu'à l'époque la statistique paraissait une chose humaine, trop humaine, qu'y avoir recours semblait une hérésie à la plupart des physiciens. Il ne fallut rien de moins que le génie et l'autorité de Maxwell pour faire admettre sa démarche, si étrangère à la pratique scientifique classique.

Si la méthode statistique permettait d'établir un lien entre le comportement macroscopique des gaz et la dynamique microscopique des particules, ce lien soulevait aussi une redoutable difficulté : comment comprendre l'irréversibilité de nombre de phénomènes macroscopiques, alors que les lois à l'échelle microscopique sont temporellement symétriques ? Ludwig Boltzmann résolut l'apparent paradoxe, en montrant que l'irréversibilité macroscopique est elle-même un effet statistique. Ce qui intervient ici, ce n'est pas l'*impossibilité* de la réversibilité à l'échelle macroscopique, mais son extrême *improbabilité,* fondée sur une analyse statistique des configurations possibles. Il est intéressant de noter que lorsque Boltzmann évalue la probabilité pour que deux gaz qui se sont mélangés se séparent spontanément, c'est encore à des statistiques humaines qu'il se réfère pour illustrer le fait que le résultat fantastiquement faible auquel il parvient peut être assimilé à zéro.

On conviendra qu'il revient pratiquement au même de dire que cela ne se produira *jamais*, si l'on songe que, durant le même laps de temps, d'après les lois des probabilités, il devrait se trouver plusieurs années pendant lesquelles, par simple coïncidence fortuite, tous les habitants d'une grande ville se suicideraient le même jour, ou bien pendant lesquelles toutes les maisons de la même ville prendraient feu isolément le même jour, également par simple hasard ; cependant les compagnies d'assurance, d'accord avec l'expérience, ont raison de ne pas prendre de tels hasards en considération[15].

Ces comparaisons de Boltzmann, pour partie procédé rhétorique, sont aussi une trace du fait que les statistiques des suicides ou des sinistres ont précédé l'usage de la statistique en science. Cela étant, à partir du début du XXe siècle s'est constituée, sous l'impulsion de Josiah Willard Gibbs, la

14. J. C. Maxwell, Conférence intitulée « Molecules », prononcée à Bradford en 1873 devant la *British Association*, in *Scientific Papers of James Clerk Maxwell*, W. D. Niven (ed.), 2 vol., Cambridge, Cambridge University Press, 1890, t. II, p. 373-374.

15. L. Boltzmann, *Leçons sur la théorie des gaz* [1896-1898], trad. fr. A. Gallotti et H. Bénard, 2 vol., Paris, Gauthier-Villars, 1902-1905, t. 2, § 88, p. 249.

physique statistique, qui est devenue depuis une des branches les plus actives et les plus fécondes de la physique.

L'autre voie par laquelle la statistique est entrée dans les sciences de la nature est l'étude de l'hérédité. La théorie de l'évolution darwinienne accorde une importance cruciale à deux éléments : la variabilité entre les individus à l'intérieur d'une espèce, et la transmission de ces différences d'une génération à l'autre. Pour rendre les choses plus précises, ces deux éléments demandaient à être quantifiés. Le zoologue Raphael Weldon était convaincu que c'était par la statistique que la théorie de l'évolution de Darwin pouvait et devait être considérée et mise à l'épreuve : « Les questions soulevées par l'hypothèse darwinienne sont purement statistiques, et la méthode statistique est la seule évidente à l'heure actuelle pour vérifier expérimentalement cette hypothèse »[16]. Il s'attela à la tâche, soutenu en cela par Francis Galton, un cousin de Darwin, et avec le concours du mathématicien Karl Pearson qui, innovation capitale, élabora au tout début du XXe siècle les premiers tests correctement construits qui permettent de décider – avec une certaine marge d'erreur à déterminer – si l'écart entre les données recueillies et la loi de probabilité qu'elles sont censées suivre peut être, ou non, attribué au hasard – autrement dit, si la validité de la loi de probabilité postulée mérite d'être retenue ou rejetée. C'est à partir de ce moment que la statistique commença à devenir une affaire de mathématiciens.

Une fois axiomatisée, formalisée, la statistique, pourvue de méthodes d'analyse de plus en plus nombreuses, sophistiquées et puissantes, a vu son usage dans le traitement des affaires humaines nanti de possibilités nouvelles et d'une autorité renforcée. D'abord « importatrice » de la démarche statistique, la pensée scientifique a ensuite contribué à étendre son emprise dans le champ social.

Une situation paradoxale

L'empire statistique s'est mis en place au XIXe siècle. Si cet empire n'a fait depuis que s'étendre, c'est d'une part que les conditions qui ont appelé son règne sont plus que jamais présentes, d'autre part parce que les moyens de collecte et de traitement des données se sont considérablement accrus avec le développement des administrations, puis de l'informatique et des quantités colossales d'informations circulant sur le réseau internet. Un paradoxe est à relever : en même temps que la société dans son ensemble semble travailler à une emprise toujours plus grande de la statistique, la plupart des citoyens s'accordent à juger cette emprise excessive et nocive. Ces jugements individuels négatifs sont faciles à comprendre : chacun se sent noyé dans la masse, abusivement quantifié, ignoré dans sa singularité. Ce qui généralement n'est pas vu dans l'affaire, c'est que c'est précisément le fait que l'affirmation individuelle prenne le pas sur les appartenances communautaires qui appelle le règne de la statistique. Répétons-le : la place prise par la statistique dans le monde humain ne résulte pas d'un envahissement de ce monde par la

16. R. Weldon, « Remarks on Variation in Animals and Plants », *Proceedings of the Royal Society of London* 57, 1894-1895, p. 381.

démarche scientifique, mais d'une nouvelle façon qu'ont eue les humains de faire société. C'est entre les hommes que la statistique a pris son essor et acquit une importance colossale – parce qu'elle offrait un moyen d'appréhender une réalité formée par l'amalgame d'une multitude de comportements individuels, permettait de concilier l'atomisation des « acteurs sociaux » avec les effets de masse qui résultent de leur nombre immense, proposait une image du tout accordée à la métaphysique de la subjectivité.

Voilà pourquoi les critiques adressées à la statistique ne sont, en l'état actuel des choses, que plaintes inoffensives envers une situation dont on entretient les causes. Si l'on souhaite en diminuer la place, ce sont nos façons d'habiter le monde et de vivre avec nos semblables qui seraient à changer. Christopher Lasch indique une piste, lorsqu'il écrit :

> La démocratie fonctionne de manière idéale quand les femmes et les hommes agissent par et pour eux-mêmes, avec l'aide de leurs amis et de leurs proches, au lieu d'être dépendants de l'État. Non que la démocratie doive être identifiée à un individualisme pur et dur. Autonomie et confiance en soi ne signifient pas autarcie et autosuffisance. [...] *ce ne sont pas les individus qui constituent les unités de base de la société démocratique, mais les communautés se gouvernant elles-mêmes*[17] (nous soulignons).

Les communautés se gouvernant elles-mêmes, et non les individus, comme unités de base de la société démocratique : la vie y regagnerait peut-être le terrain qu'elle a perdu sur le nombre.

Olivier Rey
CNRS, Université Paris 1 - Panthéon-Sorbonne

17. C. Lasch, *La Révolte des élites et la trahison de la démocratie* [1995], trad. fr. C. Fournier, Paris, Flammarion, 2007, p. 20. Étant donné la dérive dont le mot « communauté » a été l'objet au cours des dernières décennies, il est nécessaire de préciser qu'il s'agit ici de communautés de vie concrètes, locales, non de pseudo-communautés « identitaires ».

Pensée statistique, pensée probabiliste

STATISTIQUES, PROBABILITÉS ET JUSTICE

Leila Schneps

En raison de l'utilisation croissante de l'analyse scientifique dans les enquêtes criminelles, nous assistons à un retour en force du calcul des probabilités, longtemps banni des tribunaux. Toutefois, la mauvaise compréhension de celui-ci par le jury limite son utilité, ce qui a conduit au cours de la dernière décennie à un effort de pédagogie visant à améliorer la présentation des arguments mathématiques aux personnes peu familières des méthodes de raisonnement numérico-logique. Ceci a mis en lumière un problème longtemps ignoré : pour des raisons psychologiques, nous n'analysons pas de la même manière les évènements aléatoires (accidents ou catastrophes naturelles) et ceux résultant d'actes commis par des êtres humains (meurtres, vols…). Ainsi, nous sommes amenés à surestimer la probabilité des deuxièmes par rapport aux premiers, même lorsque les probabilités réelles sont identiques.

Les statistiques sont mêlées à la justice comme les tendons à la chair ; elles se trouvent un peu partout, elles lient la masse, et pourtant elles sont curieusement invisibles, et il est même souvent difficile de se convaincre de leur importance. Quel besoin de statistiques dans une enquête criminelle – ne s'agit-il pas de chercher des indices, trouver et questionner des témoins, relever des traces sur la scène du crime ou sur les vêtements des accusés, et puis construire, à partir de tout ce corpus d'informations, un narratif convaincant ? Tout au plus veut-on bien admettre que la biologie ou la chimie peuvent avoir un rôle important à jouer, en ces temps où l'on fait régulièrement appel à l'analyse scientifique pour chercher à tirer une identification de personne ou de lieu à partir de traces infimes.

Et pourtant, on ignore les statistiques à nos risques et périls, car ce sont elles qui nous aident en de nombreuses situations à prendre la bonne décision. Après une analyse biologique ou chimique, ce sont en fin de compte les statistiques qui serviront à décider si la trace provient de l'accusé lui-même et avec quelle probabilité, ou des vêtements qu'il est censé avoir portés, ou du lieu qu'il est censé avoir visité. Ce sont elles qui apparaissent silencieusement dans les pensées de ceux à qui incombe la tâche de prendre une décision finale par rapport à la culpabilité ou l'innocence de l'accusé, en respectant un certain niveau de conviction intime forcément moindre qu'une certitude absolue, et en préférant sciemment relâcher un coupable que condamner un innocent. La tâche du juge et du jury consiste à rendre un jugement à partir d'indices divers, ou, en d'autres termes, d'effectuer une synthèse des preuves, de mesurer le poids de la totalité des preuves. La théorie des probabilités et des statistiques peut révéler des secrets invisibles à l'œil nu, en aidant notre intuition souvent défaillante à mesurer correctement le poids d'une preuve scientifique en comparaison avec d'autres qui ne le sont pas, ou alors le poids d'une combinaison de preuves quand on a vu chacune présentée séparément. Une des tactiques préférées des avocats de la défense est de jeter le doute sur chaque preuve, une par une. La seule réponse possible est de résister à cette séparation, en revenant à une considération globale des preuves prises ensemble. Là encore, la théorie mathématique peut rendre service de manière précieuse et même indispensable.

La théorie mathématique peut rendre service de manière précieuse

Malgré une multitude d'exemples d'erreurs judiciaires qui auraient pu être évitées par une application correcte de la théorie des probabilités, application qui a souvent été effectuée a posteriori par des statisticiens se penchant sur un cas rendu public (parfois à temps pour obtenir un acquittement de l'accusé lors du procès en appel, parfois des décennies plus tard dans le but de fournir un résultat purement théorique), cette idée a énormément de mal à faire son chemin dans la mentalité judiciaire. Dans les pays anglo-saxons, qui sont à la pointe de la recherche dans ce domaine, des jugements fiables et solides ont été annulés en appel parce que le juge n'appréciait pas que le jury parvienne à une décision sur la base d'une formule mathématique. Historiquement, dans les pays anglo-saxons, on envisage autrement le travail du jury, comme une combinaison savante et mystérieuse, jamais explicitée et ne devant d'explications à personne, de raisonnement, d'intuition et de compromis entre les différentes opinions. Certes, le fait de mettre douze personnes dans un jury diminue les risques d'une erreur grossière commise par un seul individu[1]. Mais comme cela a été démontré par de nombreuses études, il y a des erreurs de probabilités qui sont faites par tous les êtres humains ; si l'on refuse d'aborder certaines situations de manière rigoureuse et… mathématique, cela ne servira à rien de prendre une ou neuf ou douze ou même des centaines de personnes comme lors des études ; l'erreur sera toujours la même.

1. Notons toutefois que le système du jury, en cas d'infraction grave, varie beaucoup de pays en pays ; dans la plupart des pays européens le jury consiste en un mélange de juges professionnels et de simples citoyens, mais dans d'autres (tel les Pays-Bas), le jury n'existe pas du tout et les décisions sont prises par trois juges ; de plus dans certains pays (tel l'Italie) le jury est tenu de rendre un rapport détaillé expliquant sa décision, ce qui fournit une source extraordinaire pour ceux qui étudient la nature des erreurs judiciaires.

L'idée même d'utiliser des calculs probabilistes pour déterminer la probabilité de la culpabilité d'un accusé, ou plus simplement pour déterminer la probabilité qu'un certain événement précis ait eu lieu ou non, étant données les circonstances observées, n'est survenue dans le contexte judiciaire qu'à la fin du XIXe siècle. Dans le premier cas répertorié, un mathématicien de Harvard a été appelé à témoigner dans un procès contre une femme accusée d'avoir imité la signature de sa tante décédée sur une lettre léguant toute sa fortune à l'accusée, en contradiction directe avec son testament. La signature de la lettre était à peu près identique à celle du testament, similarité suspecte même si cette dame avait une écriture d'une grande régularité. Ce mathématicien — nul autre que le renommé Benjamin Peirce — a fait appel à son fils pour mesurer les lettres individuelles des signatures d'une manière très précise. En effet, avant de devenir le philosophe logicien dont on se souvient aujourd'hui, le jeune et talentueux Charles Sanders Peirce était chimiste, astronome et arpenteur, trois métiers dans lesquels la précision des mesures joue un rôle essentiel. Pour interpréter les résultats de son fils, Peirce le père a eu recours à un modèle binomial beaucoup trop théorique, considérant la probabilité que les différentes lettres dans deux signatures de la même personne se ressemblent comme une constante, indépendamment du fait que les signatures aient pu être faites au même moment sur le même bureau avec le même stylo, ou à des décennies d'intervalle. Ce calcul, devenu légendaire dans le monde juridique, a convaincu le jury, mais pas la postérité ; il est peut-être même la raison pour laquelle de tels calculs ont été évités par la suite pendant plus de soixante ans. Ce n'est qu'en 1964 qu'un procureur californien a eu l'idée qui est devenue toute une science depuis : utiliser un calcul théorique pour déterminer la probabilité que, par une pure coïncidence, les accusés dans un procès pour vol à l'arraché possèdent de nombreux traits en commun avec les vrais voleurs, vus par deux témoins. Là aussi, le calcul, fait n'importe comment, a convaincu le jury mais non la postérité, et comme dans le cas précédent, le fait d'être perçu plus tard comme erroné a encore une fois remis l'utilisation des mathématiques à bon escient à plus tard. Il a fallu l'arrivée de l'analyse de l'ADN, développée dans les années 1980, pour réintroduire une troisième fois les calculs mathématiques dans les procès criminels ; une fois présente dans ce cadre, on a commencé à accepter qu'ils pussent être utilisés de manière correcte par des personnes qualifiées. On les utilise également aujourd'hui en lien avec des analyses scientifiques chimiques ou biologiques, en général dans le but d'une comparaison entre les traces du crime et les échantillons prélevés sur l'accusé. Mais le débat sur l'extension de cette utilisation à des questions plus larges, par exemple pour calculer la probabilité qu'un certain concours de circonstances puisse avoir eu lieu, ou pour estimer le poids d'une preuve par rapport aux autres, reste vif, et les désaccords sont loin d'être résolus.

Pour comprendre pourquoi les probabilités rencontrent tant de problèmes dans toute application à la justice en dehors des sciences dites « dures », il faut comprendre où se situent les obstacles, qui sont de nature aussi bien historique que psychologique. Dans les paragraphes qui suivent, après une petite introduction mathématique volontairement très élémentaire, nous expliquerons quelques-uns des malentendus les plus fréquents et les plus frappants, illustrés sur des cas réels.

Le théorème de Bayes

Probabilités conditionnelles

Notons par une lettre majuscule (A, B, I, C, T etc.) un événement qui peut se produire avec une certaine probabilité, par exemple « l'accusé est coupable » ou alors « cette empreinte digitale appartient à telle personne ». Nous notons P(A) la probabilité que l'événement A ait lieu[2]. Nous notons P(NA) son opposée, la probabilité que l'événement A n'ait pas lieu, dite aussi probabilité de non-A. La somme P(A)+P(NA) est égale à 1, c'est-à-dire qu'étant donné P(A), nous pouvons calculer P(NA) par la formule P(NA) = 1 – P(A).

Nous notons P(A|B) la probabilité, dite *conditionnelle*, que A ait lieu étant donné qu'on sait que B a eu lieu ; on dit « P(A|B) est la probabilité de A étant donné B », ou plus simplement « la probabilité de A si B ».

Deux probabilités conditionnelles opposées P(A|B) et P(B|A) sont reliées par une formule précise connue sur le nom du *théorème de Bayes* (voir la note 2), donnée par la formule suivante :

$$(1) \qquad P(A \mid B) = \frac{P(B \mid A)P(A)}{P(B \mid A)P(A) + P(B \mid NA)P(NA)}$$

En substituant P(NA) = 1-P(A) dans le (1) nous obtenons la version suivante simplifiée, dans laquelle le membre de gauche est calculé par le membre de droite utilisant seulement trois inconnues P(A), P(B|A) et P(B|NA) :

$$(2) \qquad P(A \mid B) = \frac{P(B \mid A)P(A)}{P(B \mid A)P(A) + P(B \mid NA)P(A)}$$

Mise à jour d'une probabilité *a priori* en ajoutant une nouvelle information

Pour illustrer l'utilisation de la formule, nous considérons le cas d'un accusé et d'un fait spécifique porté contre lui, qui peut être par exemple une trace physique laissée sur la scène du crime, l'affirmation d'un témoin oculaire, ou une coïncidence par trop surprenante dans son explication des faits. Notons I l'énoncé « l'accusé est innocent », et X l'énoncé « tel fait a

2. On parle de la probabilité que l'événement « l'accusé est coupable » ait lieu même quand il s'agit d'un événement passé, donc déjà décidé : en réalité, soit cet événement a eu lieu, soit non. Cela pose un problème psychologique : il n'est pas évident de saisir le sens d'un taux de probabilité pour un événement *passé*, mais dont on ne sait pas s'il a eu lieu ou non. Le révérend Thomas Bayes (1702-1761), auteur de la formule probabiliste utilisée le plus souvent dans le cadre judiciaire, était lui-même conscient de cette bizarrerie, et a tenté de l'illustrer par l'exemple suivant. Il avait placé derrière son dos un assistant chargé de lancer une pièce sur une table divisée en deux par une ligne dessinée au milieu. Ensuite, l'assistant lançait plusieurs autres pièces, et informait à chaque fois le révérend Bayes si la nouvelle pièce était tombée à droite ou à gauche de la première. De cette façon, après l'information apportée par la lancée de quelques dizaines de pièces, Bayes était à même de donner une estimation probabiliste de la position de la première pièce par rapport à la ligne du milieu de la table. Cette position était pourtant un fait établi, et connu de l'assistant, mais que Bayes lui-même ignorait.

été constaté ». La probabilité qui nous intéresse est P(I|X), la probabilité que l'accusé soit innocent malgré le fait X. Pour calculer cette probabilité P(I|X), nous changeons simplement A en I et B en X dans la formule (2), ce qui donne

$$(3) \qquad P(I \mid X) = \frac{P(X \mid I)P(I)}{P(X \mid I)P(I) + P(X \mid NI) - P(X \mid NI)P(I)}$$

En général dans les affaires judiciaires, nous pouvons adopter la valeur 1 pour la probabilité P(X|NI), qui représente la probabilité que si l'accusé est coupable, le fait X ait pu se produire. En effet, si l'accusé est coupable, son ADN ou son empreinte correspondra à celle qui a été trouvée, c'est bien lui qui aura été vu par le témoin, la coïncidence étonnante ne sera finalement pas du tout une coïncidence mais une situation produite par un acte volontaire. Si l'accusé n'est pas compatible avec la trace ou au fait X (par exemple si l'empreinte digitale trouvée sur la scène du crime ne lui correspond pas), il sera relaxé. On peut supposer donc que X lui correspond, donc que s'il est coupable il a fourni ou causé X, d'où P(X|NI) = 1. La formule (3) se simplifie alors pour devenir

$$(4) \qquad P(I \mid X) = \frac{P(X \mid I)P(I)}{P(X \mid I)P(I) + 1 - P(I)}$$

Cette formule permet donc de calculer la probabilité désirée, P(I|X), que l'accusé soit innocent étant donné le fait X, comme une expression calculée uniquement à partir des deux quantités connues P(X|I) et P(I) : P(X|I), qui mesure la probabilité d'observer X si l'accusé est innocent, et P(I), la probabilité *a priori* que l'accusé soit innocent avant de connaître quoi que ce soit de l'existence du fait X. On interprète cette formule comme une *mise à jour* de la probabilité *a priori* P(I), établie avant de connaître quoi que ce soit sur X, en y ajoutant l'information P(X|I), qui est généralement une information purement scientifique : la probabilité d'observer X purement par hasard (étant donné que l'accusé est innocent). Le côté droit de la formule (4) montre la façon mathématique, la seule correcte, d'incorporer la nouvelle information P(X|I) à l'ancienne estimation P(I) de la probabilité innocence, pour produire une nouvelle probabilité mise à jour, de la probabilité P(I|X) étant donné la nouvelle information au sujet de X.

Exemples tirés de faits réels

Pour illustrer l'utilisation de la formule, nous prendrons l'exemple d'une infirmière[3] accusée du meurtre de plusieurs de ses patients à l'hôpital où elle travaille sous prétexte qu'elle s'est trouvée dans la salle lors de chacun des décès. Notons I l'énoncé « l'accusée est innocente », et X l'énoncé « elle était présente dans la salle chaque fois que l'un de ses patients est décédé ».

La probabilité P(X|I) est la probabilité, étant donné le nombre de morts au sein de l'hôpital et les plages horaires travaillées par l'infirmière dans

3. On peut par exemple considérer le cas de Lucia de Berk, infirmière néerlandaise, dont le cas est plus ou moins décrit ci-dessous, mais on trouvera des cas similaires dans pratiquement tous les pays.

chaque service, qu'elle soit présente à chaque décès purement par hasard; c'est un calcul mathématique un peu compliqué mais nullement subjectif. La probabilité *a priori*, P(I), est celle qu'une infirmière prise au hasard ne tue pas ses patients. On pourrait la calculer à partir de statistiques connues sur les infirmières tueuses; elles sont en nombre minuscule, peut-être de l'ordre d'un sur un million, ce qui fait que P(I) serait très proche de 1. Cette définition de P(I) serait toutefois contestable. Lors du procès, on citera par exemple le passé louche de l'infirmière, des choses étranges qu'elle a pu noter dans son journal intime, le fait que ses collègues ne se sont jamais vraiment liées d'amitié avec elle, qu'elles la trouvaient bizarre, et une multitude d'autres faits concernant cette infirmière particulière. Pour cette raison-là, la valeur de P(I) peut être considérée comme beaucoup plus élevée que la simple proportion d'infirmières tueuses.

C'est la nécessité de fournir une estimation assez subjective et personnelle de P(I) qui fait que le raisonnement dit bayésien est souvent remis en doute ou considéré comme étant approximatif, pas vraiment scientifique et de ce fait peu fiable. Pourtant, il est souvent possible de calculer P(I) purement sur la base d'informations statistiques sans aucun apport subjectif, et même quand ce n'est pas possible, on peut utiliser une fourchette de valeurs pour P(I).

Admettons qu'il n'y a qu'une infirmière sur un million qui tue ses patients, posons donc en conséquence P(I) = 0,999999, et prenons pour P(X|I) la valeur 0,0001. Il est certain que si l'on calcule qu'il n'y a qu'une chance sur dix mille que l'infirmière se soit trouvée dans la salle à chaque décès, on est en droit de la soupçonner. On applique donc la formule (4), et on trouve une valeur de 0,99 pour P(I|X), c'est-à-dire que l'accusé est presque sûrement innocent.

Si l'expert affirme que la probabilité P(X|I) est beaucoup plus petite, disons de 0,0000001, la probabilité d'innocence tombe à 9 %, ce qui est largement suffisant pour imposer l'acquittement.

Essayons maintenant pour P(I) un chiffre plus subjectif, provenant des considérations personnelles concernant cette infirmière. Ce n'est pas parce qu'elle a un passé louche ou un caractère peu amène qu'elle a une grande chance d'être meurtrière, mais on peut se permettre d'augmenter la probabilité de culpabilité de 1 sur 1 million à disons 1 sur 10 000; on pose donc P(I) = 0,9999. Calculons P(I|X) par curiosité avec ce chiffre et P(X|I) = 0,0000001; on trouve alors une probabilité d'innocence de 9 sur 10 000, c'est-à-dire proche de 1 sur 1 000; étant donné le nombre d'infirmières dans un pays, ce chiffre rend toujours assez probable le fait que l'une d'entre elles rencontre la situation X de temps en temps.

Le théorème de Bayes a été utilisé plusieurs fois dans des procès, mais – notamment en Angleterre – il a malheureusement rencontré un mur d'incompréhension qui a fait que plus d'un juge en a interdit l'usage, même par des experts qualifiés. Les cas qui se prêtent le mieux à une utilisation directe du théorème de Bayes sont ceux où l'on présente très peu de preuves, mais parmi elles une preuve purement scientifique comme par exemple une fréquence de type de trace (humaine ou physique) présent dans la population générale fournie par un expert. Un cas de ce type, Regina vs Adams (1996), a fait jurisprudence en Angleterre; il s'agissait d'une accusation de viol.

Les rares preuves présentées au procès, dont le fait que la victime n'a pas su identifier son agresseur lors d'une parade d'identification malgré son affirmation qu'elle le reconnaîtrait n'importe où, le fait que l'accusé n'avait pas l'âge indiqué par la victime mais lui semblait beaucoup trop vieux, et le fait qu'il avait un alibi (quoique peu fiable) pour la nuit en question, étaient toutes de nature à disculper l'accusé, à l'exception de l'échantillon d'ADN prélevé sur la victime peu après l'agression, qui correspondait à l'accusé et dont l'analyste a estimé qu'il pourrait appartenir à seulement une personne sur 200 millions[4].

Confronté à une identification par l'ADN qui était, sinon parfaite, du moins d'une grande précision, l'avocat de la défense a fait appel à un statisticien pour expliquer au jury comment comparer le poids de cette preuve à celui de toutes les autres réunies, toutes à décharge. Le statisticien s'est servi du théorème de Bayes, qu'il a expliqué de façon claire et pédagogique, dans le but de montrer que les autres preuves pouvaient justifier une minuscule possibilité d'innocence, baissant la probabilité de culpabilité à 99 % au lieu de pratiquement 100 %. Peut-être, espérait la défense, une petite fenêtre de 1 % de chance d'innocence serait-elle suffisante pour créer dans l'esprit des jurés un doute. Mais cela n'a pas marché, et le jury a condamné l'accusé. Celui-ci a fait appel sous prétexte qu'on ne pouvait pas faire un cours de mathématiques au jury. Le juge au procès d'appel a confirmé ce sentiment, soulignant l'événement avec des phrases bien senties, dans un jugement qui a fait jurisprudence en Grande Bretagne et qui continue à peser lourdement dans tous les procès où le théorème de Bayes aurait un rôle à jouer :

> Introduire le théorème de Bayes ou toute autre méthode du même acabit dans un procès criminel plonge le jury d'une manière inappropriée et inutile dans des régions de théorie et de complexité qui le détournent de la tâche qui lui a été assignée [...]. Le jury doit évaluer le poids des preuves et parvenir à une conclusion, non pas en utilisant une formule (mathématique ou autre) mais par l'application collective de leur sens commun individuel et leur connaissance du monde aux preuves qui leur ont été présentées[5].

Ce juge avait-il raison ? Le statisticien a en tout cas réagi avec un article publié dans un journal de statistiques[6], dans lequel il formule l'objection suivante : *Comment le jury est-il censé pouvoir comparer, en utilisant leur connaissance du monde, un chiffre minuscule comme 1 sur 200 millions à des preuves du type ordinaire* ? En effet, notre connaissance du monde ne nous permet pas d'aborder, au quotidien, ni des nombres minuscules ni des nombres gigantesques. Le juge a eu beau dire que les jurys fonctionnent

4. Il arrive souvent qu'un échantillon d'ADN prélevé lors d'une agression n'identifie pas complètement un individu, car un tel échantillon est généralement un mélange de celui de l'agresseur avec celui de la victime, et si en un lieu génétique donné on ne relève pas quatre allèles distincts (deux par individu), mais disons trois seulement dont deux de la victime, on peut supposer que l'allèle manquant de l'agresseur est invisible car identique à l'une de celles de la victime, mais on ne peut pas savoir laquelle. Ceci peut conduire à une légère incertitude quant au positionnement de certains allèles de l'agresseur, donc à une identification moins certaine que quand on dispose d'un échantillon de bonne qualité provenant d'un seul individu.

5. Jugement 2007/03644/D2 du 26 octobre 2010 de la Haute Cour de justice à Londres.

6. P. Donnelly, « Appealing Statistics », *Medecine, Science and the Law* 47, 1, 2007, p. 14-17.

depuis des centaines d'années, le statisticien a rétorqué que ce n'est que depuis une trentaine d'années que ce genre de résultat scientifique est présenté systématiquement comme partie des preuves. Comment raisonner comme d'habitude quand, dixit Benjamin Peirce, ce mathématicien de Harvard évoqué dans l'introduction, les nombres sont si petits que « de telles ombres évanescentes des probabilités ne peuvent appartenir à la vraie vie; elles sont extraordinairement moindres que des choses déjà beaucoup trop petites pour que la loi s'y intéresse »[7].

Le sophisme du procureur

Définition

Un problème majeur qui intervient dans un très grand nombre de procès, et qui joue également un grand rôle dans la manière dont un procès est perçu par le public, est le malentendu dit *sophisme du procureur*, qui consiste à conclure, à partir d'une très faible probabilité qu'une situation précise ait pu se produire entièrement par hasard, que la seule explication vraiment raisonnable est que cette situation se soit produite en réalité par un acte intentionnel. Notons que cette situation se produit souvent; le cas de l'infirmière évoqué ci-dessus en est un exemple typique, puisque c'est avant tout la coïncidence de sa présence dans la salle à chaque décès qui a éveillé les soupçons de ses collègues.

En effet, un événement rare, une véritable coïncidence, tend à créer des soupçons, même quand la théorie des probabilités nous dit qu'une telle coïncidence à une forte probabilité de se produire de temps en temps. Il faut faire très attention dans les affaires fondées essentiellement sur l'observation d'une coïncidence : *a priori*, on peut admettre tout au plus que la situation mérite une enquête approfondie.

En termes mathématiques, l'erreur consiste à confondre deux probabilités conditionnelles : la probabilité cherchée, c'est-à-dire celle que l'accusé soit innocent étant donnée la coïncidence, et celle qui est discutée le plus souvent au procès, l'opposée, c'est-à-dire la probabilité (généralement minuscule) que la coïncidence puisse se produire dans le cas où l'accusé serait innocent. En termes de formules, donc, la probabilité minuscule de la coïncidence $P(X|I)$ a été remplacée par $P(I|X)$. Parce que la première est réellement extrêmement faible, il nous semble que la deuxième doit l'être aussi. C'est pourtant souvent loin d'être le cas; ces deux probabilités n'ont aucune raison d'être égales ni même commensurables.

Un exemple frappant : le cas de Sally Clark

L'exemple qui a permis au public britannique de prendre conscience de manière éclatante du sophisme du procureur était le cas de Sally Clark. Cette jeune avocate en congé maternité a perdu son bébé peu après sa naissance; les médecins, n'ayant pu déceler une raison pour le décès de l'enfant, ni maladie

7. Cité par P. Meier et S. Zabell, « Benjamin Peirce and the Howland will », *Journal of the American Statistical Association* 75, 371, 1980, p. 497-506.

ni maltraitance, ont diagnostiqué un cas de mort subite du nourrisson. Il s'agit d'un événement qui se produit malheureusement de temps en temps. Une étude extrêmement détaillée a été effectuée par l'organisation britannique CESDI[8] dans le but de chercher, sinon des causes de ce phénomène, tout au moins des facteurs corrélés avec un risque plus élevé.

En faisant remplir un questionnaire à des milliers de familles ayant connu un épisode de mort subite du nourrisson, l'étude a pu identifier trois facteurs qui semblaient augmenter la fréquence du phénomène de manière significative. Ils ont produit le tableau de fréquences suivant :

Famille avec mère de moins de 27 ans : 1/567
Famille avec mère de plus de 26 ans : 1/1882
Famille avec fumeur : 1/737
Famille sans fumeur : 1/5041
Famille avec deux parents chômeurs : 1/486
Famille avec un parent chômeur : 1/2088
Famille avec les trois facteurs : 1/214
Famille avec aucun de ces trois facteurs : 1/8543
Famille tous types confondus : 1/1303

Chaque famille qui subit un incident de mort subite du nourrisson au Royaume-Uni est désormais suivie par une organisation consacrée surtout au suivi des autres enfants, le CONI[9]. Les parents reçoivent un détecteur d'apnée que tout autre bébé doit porter en permanence, ainsi qu'une formation en aide d'urgence et réanimation par bouche-à-bouche et une visite hebdomadaire par une auxiliaire puéricultrice entraînée à détecter tout signe de maladie ou de traumatisme chez les enfants.

Quand Sally et son mari eurent un deuxième enfant, un an plus tard, ils bénéficièrent de ce suivi. Des mois durant, tout se passa bien; puis un jour, alors que l'enfant était âgé de neuf mois, en rentrant d'une visite à la clinique où il avait été vacciné, il tomba subitement malade. Le soir même, sa mère le retrouva dans son transat, la tête pendante, le teint gris. Elle appela son mari à la rescousse, lequel commença immédiatement la procédure de réanimation par bouche-à-bouche pendant que sa femme appelait l'ambulance. Malheureusement l'enfant décéda à l'hôpital.

L'autopsie détecta cette fois une infection, ainsi que quelques signes suspects de maltraitance : des marques sur les paupières associées avec des cas d'asphyxie et une côte légèrement fêlée. Le père attribua cette dernière aux pressions exercées sur la poitrine du bébé lors du bouche-à-bouche. Mais quand les parents racontèrent le déroulement précis de cette soirée aux enquêteurs, c'est sur la mère que les soupçons tombèrent, étant donné que selon les deux parents, c'est elle qui avait trouvé l'enfant en mauvais état avant d'appeler son mari. Les enquêteurs, accusant la mère d'avoir secoué ou asphyxié le bébé, décidèrent de revenir sur le cas du premier bébé, supposant naturellement qu'il avait subi le même sort. On intenta alors un procès pour

8. Confidential Enquiry into Stillbirths and Deaths in Infancy.
9. Care of Next Infant.

double meurtre à la mère. Son mari, totalement convaincu de son innocence, fut obligé d'assister au procès de sa femme en qualité de témoin.

Il semblait au couple que les preuves contre elle étaient minimales, voire inexistantes. Certes, le deuxième enfant souffrait d'une côte fêlée, mais de nombreux médecins étaient d'accord que le bouche-à-bouche paniqué du père pouvait en être la cause. L'auxiliaire puéricultrice et la nounou de la famille n'avaient que des bonnes choses à dire sur Sally Clark en tant que maman. Son mari, surtout, savait qu'il n'y avait aucune chance qu'elle ait fait le moindre mal à ses bébés. La plus lourde charge qui pesait contre elle était malheureusement le fait qu'elle n'avait pas perdu un mais deux enfants de mort subite du nourrisson, ce qui est un événement extrêmement rare.

Il est vrai que cette situation n'est nullement inconnue. De fait, Sally reçut pendant le procès des lettres d'autres mères qui avaient perdu jusqu'à trois enfants de cette façon, dont une par exemple où plusieurs générations avaient connu cet événement tragique.

Une véritable coïncidence tend à créer des soupçons

Mais dans une famille comme les Clark, qui ne présentait aucun des trois facteurs à risque indiqués par l'étude CESDI, la probabilité d'une double mort subite de nourrisson paraissait si faible que cela en devenait suspect. C'est de cela que témoigna l'expert médical appelé par l'accusation, Sir Roy Meadows, qui était surtout spécialiste d'abus maternel des enfants. Sir Roy Meadows affirma au procès que comme la fréquence d'une mort subite dans une famille comme les Clark était de 1 cas sur 8543, la fréquence que ce malheur se produise deux fois serait de $(1/8\,453)^2$, donc de 1 sur 73 millions à peu près, ce qui revient à un cas par siècle. La probabilité que cela arrive par hasard étant également minuscule, il y avait tout lieu de penser que ce n'était pas arrivé par hasard, affirma-t-il, donc que la mère y était pour quelque chose.

Le jury, n'ayant entendu par ailleurs que des témoins du bon caractère de Sally Clark et des disputes parfois âpres entre médecins convaincus d'interprétations différentes et même totalement contradictoires des résultats techniques des autopsies, trouva le raisonnement de Roy Meadow simple et convaincant. Sally Clark fut reconnue coupable du double meurtre de ses enfants et condamnée à la prison à perpétuité.

Le raisonnement utilisé par le témoin expert est ici vicié par deux erreurs : celle qui consiste à supposer que la mort subite du nourrisson est un événement qui frappe aléatoirement – une hypothèse démentie immédiatement par l'étude CESDI citée au procès, qui montre bien qu'il y a des facteurs à risque – et donc à calculer la probabilité de la mort de deux nourrissons comme le carré de la probabilité de la mort d'un seul, et le sophisme du procureur. En effet, si X dénote l'assertion « deux enfants sont morts » et I dénote l'assertion « la mère est innocente », il explique que la probabilité $P(X|I)$ que deux enfants dans une famille sans facteur à risque meurent absolument par hasard (sans que la mère y soit pour quoi que ce soit) est minuscule, et de ceci il conclut que la probabilité $P(I|X)$ que la mère soit innocente étant donné la mort des deux bébés doit être elle aussi minuscule. Mais ces deux probabilités n'ont aucune raison d'être égales. Elles sont reliées par la formule (4) ci-dessus :

Selon cette formule, pour calculer correctement P(I|X), il ne suffit donc pas de connaître P(X|I) ; il faut, comme dans le cas de l'infirmière, connaître aussi une probabilité d'innocence *a priori* P(I). Or, ici aussi il est possible de donner une réponse statistique à la question « avec quelle fréquence les mères tuent-elles leurs enfants ? ». Cette probabilité est statistiquement minuscule, certainement pas plus grande que celle que deux enfants meurent de mort subite du nourrisson dans une même famille. Pour simplifier, admettons que ces deux probabilités sont égales, c'est-à-dire que P(NI) = P(X|I), où P(NI) dénote la probabilité qu'une mère tue ses enfants. On a alors

(5) $$P(I) = 1 - P(NI) = 1 - P(X \mid I)$$

et la formule (4) devient

(6) $$P(I \mid X) = \frac{P(X \mid I) - P(X \mid I)^2}{2P(X \mid I) - P(X \mid I)^2}$$

Le terme P(X|I) 2, étant au carré, est négligeable par rapport au terme P(X|I) ; en l'ignorant on obtient finalement

(7) $$P(I \mid X) = \frac{P(X \mid I)}{2P(X \mid I)} = \frac{1}{2}$$

Cette formule donne une représentation mathématique du raisonnement suivant : nous sommes en face de deux possibilités rarissimes ; soit les deux enfants sont effectivement morts tous les deux par la mort subite du nourrisson, soit la mère est une double meurtrière de ses enfants. Or la fréquence de ces deux événements dans notre société est à peu près équivalente (et minuscule), donc les deux interprétations des faits ont une probabilité égale d'être la bonne.

Il est aberrant d'être arrivé à une condamnation dans un cas pareil.

De la difficulté de reconnaître le sophisme du procureur

Le problème du sophisme du procureur a été beaucoup étudié, et les professionnels du droit en sont, aujourd'hui, très largement conscients. Malheureusement, cette vigilance peut aller trop loin, en les amenant à rejeter des arguments légitimes sous prétexte qu'ils tombent dans le sophisme du procureur, quand il n'en est rien.

Lors d'un procès concernant la mort d'un nouveau-né en Angleterre dont le cadavre fut retrouvé dans une haie traversant un champ près d'un marais dans la campagne à 500 mètres du domicile de l'enfant, l'accusation a fait appel à l'experte en botanique Patricia Wiltshire pour examiner et analyser le pantalon et les chaussures boueuses d'un ami de la mère de l'enfant, lequel niait avoir jamais mis le pied à cet endroit. L'experte a prélevé des échantillons de plantes et de terre sur le lieu et sur les vêtements pour effectuer une comparaison. Elle a énoncé ses conclusions comme suit :

La combinaison particulière de plantes qui poussent à cet endroit est rarissime. Des nombreuses espèces que j'ai pu identifier à partir des échantillons prélevés sur le lieu, j'en ai trouvé presque toutes également sur le pantalon et les chaussures du suspect. J'en conclus que, en dépit de ses dénégations répétées, il est extrêmement probable qu'il ait marché à cet endroit assez récemment[10].

L'avocat de la défense a relevé immédiatement le défi. « Vous nous montrez que la probabilité que ces traces précises apparaissent sur le pantalon de l'accusé étant donné qu'il n'a pas marché près du marais et minuscule, et vous en déduisez que la probabilité qu'il n'ait pas marché près du marais étant donné qu'il porte ces traces est également minuscule ! C'est un cas classique du sophisme du procureur. On ne peut pas accepter ce raisonnement ».

L'experte, peu ferrée en mathématiques, ne sut que répondre, et l'avocat réussit ainsi à semer le doute dans l'esprit du jury au sujet de ses conclusions. Mais en réalité, l'avocat se trompe ; cet exemple ne constitue pas un véritable cas du sophisme du procureur. La différence tient dans le renseignement supplémentaire que nous possédons ici, contenu dans la première phrase de l'experte.

Soit I l'hypothèse d'innocence, qui revient à l'affirmation : « l'accusé dit la vérité quand il affirme n'avoir jamais mis les pieds à cet endroit précis » (la seule question qu'on pose à l'experte est de savoir si oui ou non elle estime que l'accusé y est allé malgré ses dénégations). Soit donc NI l'affirmation contraire : « l'accusé a marché à cet endroit ». Soit X l'énoncé « telles traces correspondant précisément à l'endroit où le cadavre était caché furent découvertes sur le pantalon et les chaussures de l'accusé ».

Posant A = NI et B = X dans la formule de Bayes, (1) fournit :

$$P(NI \mid X) = \frac{P(X \mid NI)P(NI)}{P(X \mid NI)P(NI) + P(X \mid I)P(I)} \tag{8}$$

qui permet de calculer P(NI|X), la probabilité que l'accusé ait effectivement marché à l'endroit indiqué étant donné les traces. La probabilité d'innocence (*i.e.* qu'il n'y ait pas marché) sera ensuite donnée par P(I|X) = 1 - P(NI|X).

Dans la formule (8) nous pouvons poser la probabilité conditionnelle P(X|NI) = 1 puisqu'elle mesure la probabilité de trouver ces traces si l'accusé a bien marché à l'endroit indiqué. La formule se simplifie donc comme suit :

$$P(NI \mid X) = \frac{P(NI)}{P(NI) + P(X \mid I)P(I)} \tag{9}$$

et en posant P(I) = 1 - P(NI), on obtient

$$P(NI \mid X) = \frac{P(NI)}{P(NI) + P(X \mid I) - P(X \mid I)P(NI)} \tag{10}$$

À partir d'ici, nous pouvons constater que l'experte a raison d'affirmer que P(I|X), la probabilité que l'accusé n'ait jamais mis le pied près du marais, est très petite. Car la formule montre que la probabilité du contraire, P(NI|X), est effectivement très grande. Pour calculer sa valeur à partir de

10. Communication personnelle.

la formule (10), on a besoin de connaître seulement deux inconnues. La première, P(X|I), est la probabilité de trouver de telles traces sur quelqu'un qui n'a pas été récemment à l'endroit indiqué ; nous savons par la première phrase prononcée par l'experte que ce nombre est minuscule. La deuxième, P(NI), est la probabilité *a priori* (*i.e.* sans rien connaître des traces ni des déclarations du suspect) qu'une personne habitant à 500 mètres d'un endroit à la campagne y soit passée dernièrement. Or, un homme vivant à la campagne visite ou se promène normalement dans les champs alentour. Même si la probabilité d'avoir été à un endroit précis près de chez soi n'est pas grande, elle est certainement beaucoup plus grande que la probabilité infime P(X|I). Si par exemple on suppose que P(NI) est de 1 sur cent et P(X|I) de 1 sur cent mille, la formule (10) donne

$$P(NI \mid T) = 0{,}01 / (0{,}01 + 0{,}00001 - 0{,}00001 x 0{,}01) = 0{,}01 / 0{,}0100099 = 0{,}999$$

soit une probabilité de culpabilité de 99.9 %, ce qui correspond bien à l'affirmation de l'experte.

En conclusion, pour bien reconnaître le sophisme du procureur, il ne suffit pas d'identifier la phrase erronée ; il faut analyser la situation pour être sûr que celui ou celle qui la prononce n'a pas apporté, par ailleurs, les probabilités supplémentaires qui permettent de compléter la formule correctement.

Pourquoi tant de problèmes ?

Une fois le sophisme du procureur compris, étudié et signalé aux professionnels du monde judiciaire, qui font à leur tour de grands efforts pour bien l'expliquer aux jurys, on pourrait croire que le danger d'erreur judiciaire qu'il représente est conjuré. Mais ce n'est pas tout à fait le cas. Il y a de nombreuses situations où, malgré la plus grande clarté dans les explications, malgré une compréhension adéquate de la part de tous les acteurs, l'argument bayésien ne passe toujours pas.

En analysant des cas précis, on s'aperçoit que le cerveau humain semble opérer une distinction nette entre deux types d'événements probabilistes : ceux qui tombent comme la foudre du ciel, et ceux qui sont le résultat d'un acte qui peut avoir été commis exprès par un choix individuel. Il y a une différence qualitative dans notre façon d'appréhender la rareté, pourtant statistiquement égale, des incidents de personnes frappées par la foudre et celle des meurtres d'enfants par leur mère. Le fait que tous les sociologues du monde constateront que tel acte est commis par un nombre infime de gens ne suffit tout simplement pas à nous convaincre que la personne en face de nous a très peu de chance d'avoir commis cet acte, étant donné qu'elle a pu *choisir* de le faire et non qu'elle l'a simplement *subi*. Notre conscience du libre arbitre semble échapper à la théorie des probabilités. Les statistiques concernant les événements qui arrivent par hasard sont convaincantes, les statistiques concernant les actes volontaires et commis exprès ne le sont pas : aucun raisonnement du type « il est très rare de commettre cet acte » ne suffira jamais à nous convaincre qu'une personne donnée n'ait pas choisi de le faire, alors que l'observation « il est très rare que cela arrive à quelqu'un » nous fait douter, au contraire, du fait que c'est réellement ce qui s'est passé.

Comment aborder cette difficulté ? La pensée que le fait d'agir est fondamentalement différent du fait de subir, et que les probabilités ne peuvent pas en être comparées car elles n'ont pas en réalité le même sens, semble avoir quelque justification psychologique, mais elle mène pourtant à des erreurs judiciaires fondées sur le fait de trouver l'acte choisi beaucoup plus probable que l'événement subi, alors qu'il ne l'est point. Aux explications du sophisme du procureur, il faudrait ajouter une discussion pédagogique claire sur ce point qui permet de reconnaître et mettre en perspective l'idée que si on doit comparer deux causes possibles d'un résultat suspect, l'acte choisi paraîtra toujours beaucoup plus croyable que l'événement subi, quelle que soit la vraie fréquence de l'un et de l'autre.

Pour combattre cette impression, un argument efficace semble être l'absurdité immédiate d'une application générale du principe. On cite souvent l'exemple du loto, selon lequel la probabilité qu'il y ait un gagnant est très élevée ; mais ce n'est pas un exemple adapté à notre situation, car d'une part, tout le monde sait à l'avance qu'il y aura bien un gagnant, donc son existence en soi ne surprend pas, et d'autre part, il est pratiquement impossible de gagner au loto par un acte intentionnel. L'exemple de l'infirmière est mieux adapté, car théoriquement il est parfaitement possible qu'aucune infirmière ne soit jamais présente à tous les décès dans l'hôpital où elle travaille. Il n'y a pas nécessité, à l'inverse du loto. Pourtant, un simple calcul probabiliste montre que la présence d'une infirmière à chacun des décès est un événement qui a une chance non négligeable de se produire de temps en temps purement par hasard, étant donné le grand nombre d'infirmières, d'hôpitaux et de décès dans un pays (il serait d'ailleurs d'une grande utilité pour la défense des infirmières accusées de disposer de statistiques fiables sur le sujet, ce qui n'est pas le cas). Mais heureusement, tout le monde sera intuitivement d'accord qu'on ne peut pas automatiquement arrêter chaque infirmière à qui cela arrive. Ce serait comme si on tenait une liste de toutes les infirmières et tous les décès, et que l'on procédait à une arrestation immédiate dès qu'il y avait une correspondance trop forte ; ce serait absurde. Il semblerait que cette façon de présenter les choses peut avoir un effet de clarification, et cela devrait faire partie intégrante de l'éducation des professionnels du judiciaire au sujet du sophisme du procureur.

Notre conscience du libre arbitre semble échapper à la théorie des probabilités

Conclusion

L'utilisation simple et directe de la théorie des probabilités dans le contexte judiciaire, comme nécessité absolue et sans arrière-pensée tout comme dans le contexte scientifique, rencontre des obstacles historiques et psychologiques profonds. Parmi les professionnels de la justice, il persiste une impression que les probabilités s'assimilent à des formules mathématiques qui sont difficiles à comprendre pour le commun des mortels, inadaptées aux problèmes judiciaires, et qu'elles ne sont rien de plus qu'une façon de raisonner parmi d'autres également valables.

On ne peut pas dire, du moins aujourd'hui, que ces opinions sont totalement dénuées de fondement. L'éducation mathématique reçue à l'école ne forme pas l'intuition à saisir le sens des très grands et très petits nombres, et ne permet pas de trouver le raisonnement probabiliste bayésien simple et naturel. Pourtant, ce n'est pas plus difficile, techniquement, qu'une grande partie des mathématiques enseignées au lycée. Il est même probable que, étant donné l'intérêt général du sujet, même les élèves les plus récalcitrants soient plus ouverts à ce genre de mathématiques qu'à des sujets appris de manière plus théorique. L'éducation mathématique française n'entraîne pas les élèves à la faculté d'estimation numérique, alors que rien ne serait plus facile que de leur demander, à partir de l'école maternelle, de deviner des nombres décrivant ce qui les entoure : le nombre de bonbons dans une boîte, le nombre de pas pour traverser la salle, le nombre de gens dans la pièce, puis un peu plus tard le nombre de gens dans une foule prise dans une photo aérienne, de cheveux sur la tête ou d'arbres dans une forêt, pour en arriver finalement à des nombres décrivant des choses concrètes mais qui ne se voient pas : le nombre d'avions dans une flotte aérienne militaire, les sommes d'argent consacrées aux différents budgets de l'État, de molécules dans une quantité de matière; cette méthode permettrait d'en arriver à une idée plus informée du véritable sens des grands et petits nombres. En fin de compte, les nombres sont des mots qui peuvent être utilisés, comme tous les mots, pour enrichir et préciser notre description de la réalité. Idéalement, le raisonnement probabiliste bien enseigné finirait par faire partie de notre intuition, au lieu d'être perçu, à tort, comme y étant étranger et d'une nature foncièrement différente.

L'idée que les probabilités soient mal adaptées aux problèmes judiciaires même quand elles sont bien comprises est encore moins fondée. Elle est basée sur le préjugé que les mathématiques, étant une science exacte, ne peuvent fournir que des résultats exacts à partir de données exactes. Le fait de produire un résultat qui est vrai avec une probabilité donnée, ou un résultat donné avec une marge d'erreur, choque. De telles mathématiques paraissent défectueuses ou fausses. Mais c'est encore une fois une conséquence de l'idée reçue sur ce que sont les mathématiques. Cette idée est attribuable à la manière d'enseigner les mathématiques à l'école, qui a le défaut de créer une distance artificielle entre cette matière et la soi-disant « vraie vie », perçue par les élèves.

En réalité, chaque acteur dans le cadre judiciaire réfléchit en utilisant, consciemment ou inconsciemment, un processus de raisonnement probabiliste; la plupart du temps, le raisonnement est mal informé, souvent basé sur des préventions ou préjugés et aussi sur des intuitions spontanées assez bien adaptées aux nombres de taille ordinaire, mais impossible à appliquer de manière intuitive aux probabilités minuscules produites par les analyses scientifiques. Notre expérience de la vie, censée informer nos jugements, est profondément influencée par la taille des nombres qui surviennent au quotidien autour de nous, ce qui est un phénomène universel et normal.

Étant données des preuves différentes mais pas forcément indépendantes, il y a une et une seule façon correcte de calculer leur poids commun : le théorème de Bayes. De nombreuses expériences ont montré que le raisonnement humain, basé sur notre intuition et notre expérience de la vie quotidienne, se trompe de manière grossière. Si une méthode existe qui permet d'améliorer le travail douteux de notre intuition, il nous semble dangereux de la rejeter ou de l'utiliser sans une formation adéquate. Il ne faudrait rien de moins qu'une éducation différente par rapport au rôle des nombres et de la probabilité dans la vie quotidienne pour faire évoluer les attitudes dans le cadre judiciaire.

Leila Schneps
CNRS

Pensée statistique, pensée probabiliste

LA PROBABILITÉ A-T-ELLE UNE SOURCE OBJECTIVE OU SUBJECTIVE? Un dialogue (imaginaire) entre Hans Reichenbach et Bruno de Finetti

Alexis Bienvenu

Le dialogue qui suit est fictif. Si une brève correspondance entre Reichenbach et De Finetti est attestée, aucune trace d'un dialogue direct ne nous est parvenue. Mais plusieurs circonstances ont pu occasionner leur rencontre, comme leur présence au Congrès International de Philosophie Scientifique en 1935 à Paris, ou leur nouvelle présence commune à Paris en juin 1937. Nous prenons appui sur cette hypothèse d'une rencontre parisienne pour imaginer un dialogue éclairant leur différence d'approche philosophique des probabilités. Alors que Reichenbach défendait une interprétation des probabilités basée uniquement sur des fréquences d'événements, De Finetti était pour sa part un avocat de l'interprétation « subjective ». Nous ne prenons pas explicitement parti entre eux mais explorons les présupposés de leurs conceptions.

Précisons le contexte de ce dialogue imaginaire. En mai et juin 1937, Hans Reichenbach a tenu une suite de conférences sur la probabilité à l'Institut Henri Poincaré[1]. Le 5 juin 1937, il est aussi intervenu auprès de la Société française de philosophie[2]. Nous datons ainsi le dialogue ci-dessous du 6 juin 1937.

Bruno de Finetti, de son côté, était présent à Paris en juin 1937 pour assister au Congrès international des actuaires. Il avait lui aussi donné deux

1. Ces conférences ont formé la base de l'article suivant : H. Reichenbach, « Les fondements logiques du calcul des probabilités », *Annales de l'Institut Henri Poincaré* 7, Paris, 1937, p. 267-348.
2. Le compte rendu est disponible sous la référence suivante : « Causalité et induction », *Bulletin de la société française de philosophie* 32, 4, 1937, p. 127-159.

ans plus tôt, en mai 1935, une série de conférences sur les probabilités au même Institut Henri Poincaré[3], présidé par son fondateur, Émile Borel.

Introduction générale

Émile Borel : Monsieur Reichenbach, Monsieur De Finetti, bonjour. Mes collègues de l'Institut Henri Poincaré, et moi-même en tant que Président de cet Institut, sommes extrêmement honorés de votre présence ce soir parmi nous. Votre présence conjointe à Paris, loin de vos charges académiques en Turquie pour l'un, et en Italie pour l'autre, a fourni à l'Institut l'occasion rare de pouvoir vous inviter à débattre de vos conceptions respectives sur la probabilité. Je vous remercie infiniment d'avoir accepté cette invitation. Si chacun de vous en effet a eu l'occasion de développer ses vues sur la probabilité auprès de ce même Institut, jamais encore la communauté philosophique n'a pu se réjouir des lumières que ne manquera pas d'apporter un échange direct entre vous.

Hans Reichenbach : Professeur Borel, je vous remercie infiniment pour l'invitation. Je suis très heureux de rencontrer ce soir mon collègue le professeur De Finetti, avec qui les échanges ont été jusqu'ici principalement épistolaires.

Bruno De Finetti : Professeur Borel, je suis moi aussi extrêmement honoré par votre invitation. Je vous en remercie chaleureusement. Et je suis enchanté de l'occasion qui s'offre de ce dialogue avec le professeur Reichenbach, dont j'ai lu avec attention le traité magistral sur la probabilité[4].

É. B. : Je vous remercie en outre d'avoir accepté de tenir cette discussion en français. Nous avons pu apprécier l'aisance de chacun de vous dans le maniement de notre langue au cours de vos conférences à Paris ces dernières années. Je ne voudrais pas empiéter sur le temps précieux de votre présence parmi nous. Je me contenterai donc de rappeler en quelques mots l'enjeu de la question qui nous préoccupe ce soir, avant de vous laisser mener la discussion à votre gré.

Introduction de Reichenbach par Borel

É. B. : Professeur Reichenbach, vos exposés auprès de l'Institut ces derniers jours, de même que la conférence que vous teniez hier à la Société française de philosophie, portaient sur le statut philosophique des probabilités. Vous défendez la conception dite « de la *fréquence* » qui, pour résumer, identifie toutes les probabilités empiriques à des fréquences d'observation d'événements. Par exemple, si l'on dit qu'il est peu probable qu'il neige au mois de mai à Paris, cela signifie que la fréquence avec laquelle on a pu constater par le passé qu'il a neigé à Paris en mai est très faible, et que l'on postule que cette fréquence passée continuera à être observée. De façon moins évidente, vous soutenez que cette interprétation de la probabilité vaut également dans le

3. L'article suivant est tiré de ces conférences : B. De Finetti, « La prévision : ses lois logiques, ses sources subjectives », *Annales de l'Institut Henri Poincaré* 7, 1, 1937, p. 1-68.

4. De Finetti se réfère à l'ouvrage suivant de H. Reichenbach : *Wahrscheinlichkeitslehre*, Leyde, A. W. Sijthoff, 1935, trad. ang. *The Theory of Probability*, Berkeley – Los Angeles, University of California Press, 1949. De Finetti en a effectué une recension : « Hans Reichenbach, Wahrscheinlichkeitslehre », *Zentralblatt für Mathematik und ihre Grenzgebiete* 10, 1935, p. 364-365.

cas d'événements qui, au premier abord, ne sont pas directement associés à des fréquences passées, par exemple la victoire d'un candidat dans une élection politique. Il vous faudra nous expliquer comment cela se justifie dans ce genre de cas. Quoi qu'il en soit, selon vous, cette définition de la probabilité lui confère une valeur totalement *objective*, comme l'est toute mesure scientifiquement déterminée. La probabilité est en ce sens un outil de *connaissance* du monde, et non un aveu d'*ignorance* subjective devant l'incertain. Est-ce bien cela ?

H. R. : Tout à fait. Merci pour ce résumé. Je devrai simplement affiner quelques points.

É. B. : Vous pourrez naturellement préciser tous les points qui le méritent.

Introduction de De Finetti par Borel

É. B. : Professeur De Finetti, pour simplifier une fois encore, peut-être excessivement, je dirais que vous défendez la position opposée. Dans votre article « *Probabilismo* »[5], hélas non traduit en français, et plus récemment dans vos conférences données à l'Institut il y a deux ans, vous soutenez que tous les énoncés de probabilité concernant le monde empirique doivent en fait être compris comme des degrés d'*opinion* à propos d'événements incertains. On voit assez facilement comment ce genre d'interprétation peut s'appliquer aux événements où l'interprétation « de la fréquence » semble moins évidente, par exemple dans le cas des résultats d'une élection politique. Mais vous soutenez qu'elle s'applique également au cas des événements typiquement associés à des fréquences, comme dans l'exemple de la neige au mois de mai à Paris. Comme les degrés d'opinion sont subjectifs et libres, ils sont tous légitimes à condition de respecter une forme de cohérence pragmatique entre eux, que je vous laisserai le soin de préciser. Ainsi, on devrait à la rigueur considérer comme légitime d'attribuer une probabilité élevée à l'hypothèse qu'il neige à Paris au mois de mai, même si les fréquences plaident pour l'inverse.

B. D. F. : C'est exactement cela. Cette façon de voir peut paraître déroutante au premier abord, mais à la réflexion, elle m'a semblé la seule légitime dans le cadre d'une vision empiriste moderne de la science…

Probabilité et empirisme

H. R. : Permettez-moi d'être surpris, Monsieur le Professeur, mais il me semble justement que la définition aujourd'hui courante de l'empirisme scientifique, c'est de n'accepter comme légitimes pour la connaissance que des données factuelles, vérifiables par l'observation, par différence soit avec des énoncés purement formels et vides de contenu, tels les énoncés mathématiques (qui ont leur propre justification), soit avec des hypothèses purement tirées de l'imagination ou de la spéculation, donc invérifiables. Les « degrés d'opinions », qui par nature ne sont pas forcément tirés des données de l'observation, me semblent donc impropres à fonder une démarche empirique moderne, ou scientifique.

5. B. De Finetti, « Probabilismo. Saggio critico sulla teoria delle probabilità e sul valore della scienza », *Logos* 14, 1931, p. 163-219.

B. D. F. : Je suis bien d'accord avec vous : un empiriste recourt à l'observation. C'est au contact de l'observation qu'il forme son jugement. Mais une probabilité empirique, en météorologie par exemple, reste une opinion sur quelque chose qui, par définition, n'est pas encore observé, du moins par la personne qui exprime une probabilité. On ne peut donc pas strictement identifier une probabilité à une observation sur des événements objectifs, ou à un ensemble d'observations. La probabilité va nécessairement au-delà du donné objectif.

H. R. : Je vous rejoins à mon tour. Par nature, une probabilité sur un événement empirique ne peut être directement observée. Il faut aller au-delà de l'observation directe. C'est ce que j'appelle un « pari ».

Probabilité inductive et pari : position de Reichenbach

B. D. F. : Nous sommes donc d'accord : une probabilité est un pari. En ce sens, il est subjectif.

H. R. : Non, pas forcément, ou du moins pas entièrement. Un pari est certes subjectif au sens où il requiert une démarche intellectuelle consistant à faire une hypothèse, à « faire une mise » sur un événement. Mais pour que ces hypothèses, ces « mises », soient empiriquement justifiables, le sujet qui les formule n'a besoin d'être qu'un sujet de connaissance en général, un sujet impersonnel. Ce « sujet parieur » n'a rien de subjectif au sens courant, rien de personnel. À la rigueur, dans bien des cas, une machine pourrait effectuer ces hypothèses.

É. B. : Professeur Reichenbach, je crois que quelques précisions seraient ici les bienvenues.

H. R. : Je vous l'accorde, la question est délicate. Penchons-nous sur le processus de formation d'un énoncé de probabilité. Le pari que doit faire quelqu'un qui estime une probabilité, c'est selon moi un pari inductif consistant à identifier la fréquence de certains événements passés avec la *limite* vers laquelle tendra (si elle existe) la fréquence de ces événements dans le futur.

Prenons un exemple simplifié à l'extrême. Si l'on constate que les étoiles observées jusqu'ici ont, dans 9 cas sur 10, une masse inférieure à un certain seuil, alors nous pourrons légitimement inférer que la prochaine étoile observée aura 9 chances sur 10 de posséder elle aussi une masse inférieure à ce seuil.

Il y a ici deux degrés d'incertitude : le premier, le plus évident, est qu'on ne sait pas avec certitude si la masse de la prochaine étoile observée sera inférieure ou non au seuil en question. On n'a qu'une probabilité. Mais cela n'est pas problématique pour la connaissance. Ce qui l'est vraiment, en revanche, c'est le second degré d'incertitude : celui qui porte sur la valeur même de la probabilité. On ne peut pas être certain que la probabilité de l'événement en question soit effectivement de 9 chances sur 10. Et on ne pourra jamais le vérifier entièrement, car on ne disposera jamais de l'ensemble des observations possibles des masses des étoiles. La valeur de la probabilité est elle-même incertaine.

On peut avancer sur ce point, par des probabilités de « second niveau », c'est-à-dire des probabilités de probabilités. Je m'en suis expliqué en détail dans mon traité sur les probabilités. Mais ce n'est pas le lieu de le faire ici. Car de toute façon, le problème fondamental de l'induction demeure :

quel que soit le niveau que l'on considère, aucune certitude ne vient jamais couronner ou fonder un jugement de probabilité. On ne passe jamais d'une induction à une certitude.

Si l'on se résout à cet état de fait inévitable, la méthode fréquentiste se laisse résumer simplement : on constate une fréquence entre des événements, et l'on suppose – c'est-à-dire que l'on parie, par induction – que les événements à venir (ou encore inconnus) montreront la même fréquence, indéfiniment. Au fur et à mesure des observations, cette fréquence pourra naturellement varier quelque peu. Par exemple, après davantage d'observations on pourra mesurer que la fréquence avec laquelle les étoiles observées se situent sous une certaine masse n'est plus 90 % mais 91 %. Puis d'autres observations feront varier encore cette valeur entre 91 % et 93 %. La méthode inductive, qui est la méthode de la fréquence, consiste alors à supposer que ces différentes fréquences convergeront, à force de mesures, vers une valeur centrale, identifiée à la « limite » de la suite de ces fréquences d'observation. On peut seulement supposer que cette limite existe, mais on ne peut jamais en être sûr. C'est bel et bien un pari à double titre : premièrement on parie que les fréquences de réalisation de certains événements observés convergent idéalement vers une limite ; et deuxièmement que cette limite est identifiable à la fréquence calculée sur les événements passés. Le succès de ce pari est incertain mais, on le voit, il n'a rien de subjectif.

Une probabilité est un pari

É. B. : Pour reprendre l'exemple des masses des étoiles, on suppose que la fréquence des étoiles observées avec une certaine masse jusqu'à maintenant est aussi la fréquence qui sera constatée dans le futur, indéfiniment.

H. R. : Exactement.

É. B. : Et si cette fréquence évoluait lors des prochaines observations ?

H. R. : La nouvelle fréquence constatée serait alors la nouvelle limite supposée.

É. B. : N'y a-t-il jamais de fin à ce processus ? La valeur de la probabilité d'un événement, c'est-à-dire la limite de sa fréquence supposée, peut-elle varier au fur et à mesure des observations ?

H. R. : Oui. En pratique, la valeur supposée de la fréquence peut varier. Le point crucial est la supposition que cette fréquence pourrait, en principe, être stabilisée, c'est-à-dire ne varier que dans un intervalle minime (aussi petit que l'on veut). Il n'y a certes aucune garantie que les limites de fréquences des événements existent. Mais on n'a pas le choix : si l'on veut se donner une probabilité empirique, il faut bien parier. Et pour parier sur une base objective, il faut supposer que les fréquences des événements ont une régularité (c'est-à-dire convergent vers une limite), quitte à ce que le pari sur la valeur de la fréquence soit ensuite modifié.

É. B. : N'y a-t-il pas d'autre voie pour estimer une probabilité ?

H. R. : Il n'y a pas d'autre voie pour obtenir une probabilité justifiable au sens de l'empirisme scientifique, sinon il faudrait supposer l'existence d'une source légitime de connaissance qui ne provienne pas de l'observation des faits. Mais c'est ce que rejettent les empiristes dont je suis. Certes, on peut associer des probabilités *a priori* à des événements, par exemple à l'apparition de la face d'un dé. Ce sont des probabilités au sens purement mathématique. Mais elles n'ont pas de valeur pour la connaissance empirique. Ainsi, pour que la probabilité d'apparition de la face d'un dé ait une véritable signification empirique, il faut d'abord observer le comportement du dé pour déterminer s'il est pipé ou non (sans certitude absolue sur le résultat, naturellement). Nous revenons alors à la méthode inductive. Il n'y a pas d'autre voie.

La valeur des probabilités elle-même n'est jamais certaine

É. B. : Si je comprends bien, toute probabilité empirique est selon vous inductive. Mais comme l'induction ne donne jamais de certitude, la valeur des probabilités elle-même n'est jamais certaine. Et plus fondamentalement, on ne peut jamais être sûr qu'induire conduira à un succès prédictif, car rien ne nous assure que les fréquences observées convergent bien vers une limite.

H. R. : Absolument. Rien n'assure que le monde soit prévisible au moyen d'inductions, même si de fait (heureusement !) nous engrangeons tous les jours de nombreux succès. Mais rien ne démontre le contraire non plus. Induisons donc ! Il n'y a pas de garantie de succès, mais nous n'avons de toute façon aucune autre méthode à disposition.

Probabilité inductive et pari : réponse de De Finetti

B. D. F. : C'est précisément là que je ne suis pas d'accord, Professeur Reichenbach. Pour deux raisons. *Premièrement,* je doute qu'identifier des probabilités à des limites de fréquences soit véritablement empirique. Et *deuxièmement,* je pense qu'on peut définir l'empirisme des probabilités de façon différente, plus opérationnelle, et plus féconde à mon avis.

Revenons à ma première objection. Vous défendez l'idée qu'une démarche empiriste au sujet de la probabilité doive passer par la formulation d'hypothèses de limites de fréquences d'événements. Mais ces limites ne sont par définition jamais observables. Elles reposent sur l'idée d'une suite indéfiniment répétable d'observations, qui par construction ne pourra jamais être observée. Ainsi, pour défendre une conception empiriste, vous faites usage de concepts qui ne peuvent être associés à aucune observation. Cela me semble contradictoire.

Quant au lien entre pari et probabilité, je pense qu'on peut le définir d'une façon plus opérationnelle, et donc plus empiriste à mon sens, c'est-à-dire dans un sens pragmatique. Si l'on définit comme empirique un énoncé qui peut en principe être vérifié par un ensemble d'observations, il y a un moyen très simple de vérifier un énoncé de probabilité assumé par quelqu'un : c'est de proposer des paris sur cet énoncé. La somme que l'on est prêt à mettre dans un pari en fonction de la somme à gagner exprime notre degré de conviction concernant la réalisation d'un événement. On peut ainsi, en principe, mesurer effectivement la valeur que l'on donne à une probabilité. C'est la méthode des paris, totalement empirique.

Prenons un exemple simple. Si quelqu'un me propose de gagner une certaine somme d'argent E s'il pleut demain (I), et si j'estime très probable qu'il pleuve effectivement (quelles que soient mes raisons), je serai enclin à mettre en jeu une certaine somme pE, relative au gain possible, pour entrer dans ce pari. Autrement dit, si je peux gagner la somme E (nécessairement positive) si I arrive, je serai prêt à miser pE pour entrer dans un pari sur I. Le coefficient p reflète ma confiance dans la réalisation de I. Ainsi, si je pense que I n'a strictement aucune chance d'arriver, je ne serai enclin à rien débourser pour entrer dans le pari. Dans ce cas, pE sera égal à 0, donc p = 0. Inversement, si j'estime que I est absolument certain, je pourrai aller jusqu'à parier la somme E elle-même, c'est-à-dire à miser autant que l'enjeu (quitte à ne faire aucun profit finalement). Cela indique p = 1. Bref, le prix payé pour participer au pari sera le reflet de mon opinion concernant ma chance de succès, c'est-à-dire la probabilité que j'entretiens à l'égard de cet événement.

Évidemment, ce schéma des paris n'est qu'un principe de mesure. Sa mise en œuvre est toujours réalisable en principe, même si dans la pratique, nous n'accepterions pas des paris sur tout, ni pour n'importe quelle somme. Mais du moins, nous avons là en principe une procédure totalement empirique de vérification, qui ne fait appel à rien d'autre qu'à des observations.

Opinion et événements

H. R. : Certes, la procédure est empirique, mais elle ne porte que sur des degrés d'opinions personnelles, pas sur les événements eux-mêmes. Lorsque l'homme de science énonce des probabilités sur des événements (par exemple, sur des événements météorologiques), ce qui nous intéresse est avant tout le cours prévu des événements, pas l'opinion personnelle de celui qui s'exprime !

B. D. F. : Quand je parle d'opinion, je veux dire « degré de croyance » à propos d'un événement incertain. Ce degré de croyance peut être le résultat d'un travail scientifique très informé. C'est bien ce que l'on attend d'un homme de science dans son domaine d'expertise. En ce sens, c'est bien son opinion informée que nous souhaitons connaître, à propos d'un événement incertain sur un domaine où il est expert. Son opinion pourra être éclairante, et nous en tiendrons compte d'une façon ou d'une autre dans nos propres opinions. Il ne faut donc pas confondre le subjectivisme que je défends à propos des probabilités avec un éloge de l'arbitraire ou du relativisme absolu dans les opinions admissibles à propos des événements incertains. Certaines opinions sont mieux informées, travaillées, riches d'un travail scientifique reposant sur la réflexion et l'observation.

En outre, pour que les énoncés de probabilité subjectifs soient admissibles, ils doivent respecter certaines règles. La principale règle est de n'entretenir que des degrés de croyance qui soient « cohérents » entre eux en un sens précis, opérationnel. Ce sens est le suivant : un ensemble d'opinions concernant la réalisation d'événements incertains est cohérent si et seulement si il ne conduit pas à accepter des paris où l'on serait certain de perdre dans tous les cas. J'ai montré dans la conférence que j'ai faite à Paris il y a deux ans que si l'on est cohérent dans ses degrés de croyance à propos des événements probables, ces degrés de croyance respectent le formalisme des probabilités.

Donc, même si je soutiens que tous les énoncés de probabilités sont subjectifs dans leur racine, je ne les confonds pas avec de simples « opinions personnelles », qui peuvent intégrer, *a priori*, une dose importante d'arbitraire ou d'incohérence.

H. R. : Je vous comprends mieux. Il n'en reste pas moins que les probabilités telles que vous les définissez restent fondamentalement subjectives, c'est-à-dire, selon ma conception de ce terme, non scientifiques.

B. D. F. : J'ai bien compris votre réticence à l'égard de ma conception. Mais je n'accepte pas la différence radicale que vous faites entre « scientifique » et « subjectif ». C'est en partie une question de définition : soit l'on reconnaît la dimension fondamentalement subjective de l'entreprise scientifique, qui repose sur des probabilités identifiables selon moi à des degrés de croyance, et alors ma conception offre un étayage formel qui me semble satisfaisant pour rendre compte de l'articulation et de la dynamique des opinions probables ; soit l'on ne reconnaît pas cette dimension, et votre conception offre également un cadre formel solide. Mais elle recourt à l'hypothèse des limites de fréquences pour des suites indéfinies d'événements, suites qui sont par nature inobservables, ce qui me paraît peu satisfaisant d'un point de vue empiriste.

H. R. : Cher collègue, je ne peux que souscrire à votre constat : nous sommes d'accord sur notre désaccord. À mes yeux, l'outil que sont les « limites de fréquences » reste parfaitement acceptable d'un point de vue empiriste. Il s'agit seulement d'une idéalisation mathématique reposant sur une idée parfaitement empirique : celle d'une collection d'événements que l'on peut toujours accroître. Je n'ai recours à aucune entité non définissable en termes factuels, c'est-à-dire à rien de métaphysique ou de purement spéculatif, lorsque je recours à ces limites de fréquences. L'empirisme n'est donc pas menacé à mes yeux par mon interprétation des probabilités, au contraire.

Conclusion

É. B. : Messieurs, je vous remercie pour la qualité de votre échange. Vous achoppez finalement sur la question de la définition de l'empirisme. Comme vous le comprenez chacun un peu différemment, vos conceptions s'en prévalent toutes deux sans s'accorder. La possibilité d'une convergence entre vos vues résiderait dans l'adoption d'une position commune sur ce que l'on doit entendre par « empirisme ». Mais sur ce sujet, il y a encore du travail !

Je vous renouvelle mes remerciements les plus chaleureux, au nom de l'auditoire ici présent ainsi qu'au nom de l'Institut Henri Poincaré. Ce grand homme eût été ravi d'apprendre que deux de ses lecteurs parmi les plus profonds ont été rassemblés sous son égide pour faire progresser la réflexion philosophique sur un des sujets auquel il s'est lui-même intensément consacré.

Alexis Bienvenu

Références

De Finetti, B., « La prévision : ses lois logiques, ses sources subjectives », *Annales de l'Institut Henri Poincaré* 7, 1, 1937, p. 1-68.

—, « La logique de la probabilité », *Actes du Congrès International de Philosophie Scientifique, Paris, Sorbonne, 1935*, Paris, Hermann, 1936.

Galavotti, M. C. (éd.), *Bruno de Finetti. Radical Probabilist*, London, College Publications, 2009.

Putnam, H., « Reichenbach and the Limits of Vindication », *in* J. Conant (ed.), *Words and Life*, Cambridge (Mass.), Harvard University Press, 1994, p. 131-148.

Reichenbach, H., « Les fondements logiques du calcul des probabilités », *Annales de l'Institut Henri Poincaré* 7, 1937, p. 267-348.

—, « Causalité et induction », *Bulletin de la société française de philosophie* 32, 4, 1937, p. 127-159.

—, « Die logischen Grundlagen des Wahrscheinlichkeitsbegriffs », *Erkenntnis* 3, 1933, p. 401-425, trad. fr. A. Bienvenu, « Les fondements logiques du concept de probabilité », dans Ch. Bonnet et P. Wagner (éd.), *L'Âge d'or de l'empirisme logique*, Paris, Gallimard, 2006, p. 375-404.

Salmon, W. (éd.), *Hans Reichenbach. Logical Empiricist*, Dordrecht – Boston – London, Reidel, 1979.

Pensée statistique, pensée probabiliste

CAVAILLÈS ET LE CALCUL DES PROBABILITÉS[1]

Hourya Benis-Sinaceur

Bien qu'il ait lu les écrits de Borel dès la première heure, Cavaillès ne montra d'intérêt pour le calcul des probabilités que lorsqu'il prit connaissance de la notion scientifique de pari. Son incursion dans les travaux de Kolmogorov, von Mises, Wald, Jean Ville, Reichenbach et Borel nous vaut le bel article « Du collectif au pari ». Il y entre dans « le royaume flou des approximations », confronte l'objectivité de l'analyse des fréquences à la subjectivité du pari, rapproche connaître et parier, renouvelle sa réflexion sur l'empirisme et l'idéalisme, sur le partage entre hasard et nécessité, lit Borel avec les yeux de Spinoza et de Hegel, et fait prévaloir contre la sanction du risque par l'échec ou le succès sa signification philosophique encore à trouver.

Les documents qui nous sont parvenus montrent deux moments dans l'attitude de Cavaillès par rapport au calcul des probabilités. D'abord une grande réticence à la fin des années 1920, puis un intérêt réel dix ans après. Dans le cadre de ses recherches sur l'histoire de la théorie des ensembles abstraits, Cavaillès s'intéresse de près aux *Leçons sur la théorie des fonctions* et aux *Leçons sur la théorie de la croissance* d'Émile Borel, ainsi qu'aux travaux d'Henri Lebesgue, de René Baire et de Nicolai Lusin. Il en retient surtout l'impératif d'effectivité, qu'il comprendra en un sens plus large que seulement numérique ou algorithmique. Plus tard il étudie les travaux de calcul des probabilités d'un point de vue épistémologique. Certaines réflexions de Hans Reichenbach et de Borel lui paraissent rejoindre ses propres idées sur la marche imprévisible de la science, sur la réalité *sui generis* de celle-ci et son indépendance par rapport

1. Je remercie chaleureusement Laurent Mazliak de m'avoir communiqué trois de ses articles sur Borel et les probabilités et d'avoir aimablement accepté de répondre à mes questions sur certains points dont l'expression me paraissait sibylline dans l'article de Cavaillès « Du collectif au pari ».

à la métaphysique et par rapport à la logique, sur l'identification du hasard à notre ignorance, sur la sanction des innovations par l'histoire.

Le présent essai a pour objectif de discerner, dans l'étude de Cavaillès du calcul des probabilités, les traits qui présentent une certaine similitude avec les conceptions des probabilistes, étant bien entendu que le point de vue de Cavaillès est prioritairement philosophique. Ce qui laisse ouverte la possibilité d'une interprétation qui diffère en plusieurs points des idées défendues par Reichenbach ou Borel.

Premier contact

Jean Cavaillès a écrit un premier travail sur le calcul des probabilités. En 1925 en effet, alors qu'il est à l'École Normale Supérieure où il est entré cacique en 1923, Léon Brunschvicg lui propose en vue de l'obtention d'un diplôme d'études supérieures le sujet suivant : « La philosophie et les applications du calcul des probabilités chez les Bernouilli »[2]. Ce texte ne semble pas avoir été conservé. Nous savons seulement par Gabrielle Ferrières, la sœur de Cavaillès, que lorsque celui-ci aborde le sujet il est quelque peu déconcerté par « les raisonnements trop souples sur les probabilités », contrastant avec ce qu'il estime être « la certitude rigide » des mathématiques, à laquelle il était habitué par l'enseignement qu'il recevait et les traités ou mémoires qu'il lisait. Néanmoins Cavaillès envisageait d'amplifier le travail de son diplôme de manière à le transformer en thèse principale de doctorat. Cependant en 1928, alors qu'il lisait des ouvrages de Husserl et de Borel ayant trait à la théorie des ensembles[3], Cavaillès change d'avis. La lecture simultanée de Husserl et de Borel a de quoi surprendre. Elle s'explique pourtant d'abord par l'intérêt commun de Husserl et de Borel pour les nombres entiers et pour les ensembles, et aussi par l'égal privilège qu'ils accordent, de manière et pour des motifs différents, à l'expérience. Et elle témoigne, par ailleurs, de l'étroite relation chez Cavaillès de la réflexion philosophique avec la connaissance mathématique. Il cherche à travers celle-ci de quoi construire une nouvelle théorie de la connaissance en général. Il lui faut, écrira-t-il, « creuser au-delà du mathématique proprement dit, dans le sol commun de

2. G. Ferrières, *Jean Cavaillès philosophe et combattant, 1903-1944*, Paris, Presses Universitaires de France, 1950. Réédition : *Jean Cavaillès. Un philosophe dans la guerre, 1903-1944*, Paris, Seuil, 1982, p. 32-33.

3. Le témoignage de G. Ferrières ne dit pas quels ouvrages de ces deux auteurs sont concernés. On en est réduit à des suppositions. En 1928-1929, de Husserl, Cavaillès lisait probablement, ou du moins pouvait lire : *Die Philosophie der Arithmetik* paru en 1891, dont l'objet – les nombres – est aussi une cible du travail de Borel. Il avait encore à sa disposition, entre autres, *Logische Untersuchungen* (1900-1901), *Die Idee der Phänomenologie* (1907), *Ideen zu einer reinen Phänomenologie und phänomenologischen Philosophie. Allgemeine Einführung in die reine Phänomenologie*, paru en 1913 ; un peu plus tard, *Formale und transzendentale Logik*, qu'il lit sans doute dès sa parution en 1929 et qu'il commentera de près dans son écrit posthume, *Sur la logique et la théorie de la science* (1947), et enfin les fameuses *Cartesianische Meditationen*, reproduction des conférences données par Husserl en 1929 à la Société française de philosophie et que Cavaillès est allé écouter. De Borel, les bibliographies de ses deux thèses montrent que Cavaillès a lu, en tout cas avant 1938, *Leçons sur la théorie des fonctions* (1ère édition 1898, 3e éd. 1928), *Leçons sur les fonctions entières* (1ère éd. 1900, 2e éd. 1920), *Leçons sur les séries à termes positifs* (1902), *Leçons sur la théorie de la croissance* (1909), « Quelques remarques sur les principes de la théorie des ensembles », *Mathematische Annalen* 60 (1905) et *Méthodes et problèmes de la théorie des fonctions* (1922).

toutes les activités rationnelles »[4]. Plus généralement, Cavaillès tient que la pensée mathématique, et elle seule, est « une résultante de ce caractère de la pensée de se développer selon son essence »[5]. Ce qui est visé à travers la science, les mathématiques avant tout, c'est l'essence de la pensée rationnelle. La raison est interrogée non pour être mise en question mais pour être caractérisée par ses démarches constitutives.

La lettre du 22 avril 1928 à son père, reproduite partiellement dans le livre de G. Ferrières (p. 46-47), nous éclaire sur le changement intervenu en ce qui concerne le calcul des probabilités. Cavaillès déclare rompre « le mariage de raison » qu'il avait contracté avec le calcul des probabilités. Celui-ci lui paraît être « plutôt une application » d'idées et de techniques plus « fondamentales », et c'est en tant qu'il s'intéresse prioritairement à ces dernières qu'il déclare à Brunschvicg vouloir se consacrer à l'histoire de la théorie des ensembles. À ce moment-là, Cavaillès a du calcul des probabilités une piètre opinion : il le considère comme « peu important », « guère original » en tant que « technique mathématique », « sans grande conséquence au point de vue qui [l']intéresse, savoir l'étude de la pensée mathématique, dans son développement, le mécanisme de ses créations et peut-être – but désiré, mais un peu utopique – les conditions cachées qui commandent *d'une façon nécessaire* son déroulement »[6]. Deux raisons principielles éloignent donc d'abord Cavaillès du calcul des probabilités : 1) La première raison est de méthode : il veut se focaliser, exclusivement pour commencer, sur les théories et les techniques fondamentales, c'est-à-dire celles qui sont considérées comme base pour toutes les autres. C'est pourquoi il n'envisage, tout au moins dans un premier temps, de ne s'intéresser ni aux problèmes de la physique ni aux réflexions sur la causalité qui occupaient abondamment les discussions des physiciens et des philosophes de l'époque et auxquelles Brunschvicg avait consacré un impressionnant ouvrage de plus de six cents pages : *L'Expérience humaine et la causalité physique*, publié en 1922, ni bien entendu à la mathématique sociale. 2) La deuxième raison est philosophique et elle transparaît dans le passage que j'ai cité de la lettre à son père : nourri à la fois de Spinoza, Hegel, Dedekind, Hilbert et Brunschvicg, Cavaillès est préoccupé et séduit par l'idée d'un *enchaînement nécessaire*

Deux raisons éloignent Cavaillès du calcul des probabilités

4. J. Cavaillès, *Méthode axiomatique et formalisme. Essai sur le problème du fondement des mathématiques* [1938], Paris, Hermann, 1982, ci-après *MAF*, p. 21. Repris dans J. Cavaillès, *Œuvres complètes de philosophie des sciences*, Paris, Hermann, 1994, ci-après *Œuvres*, p. 29.

5. Lettre à son père du 6 janvier 1928, dans G. Ferrières, *Jean Cavaillès philosophe et combattant, 1903-1944, op. cit.*, p. 46 (nous soulignons).

6. Nous soulignons.

des idées et méthodes mathématiques[7]. C'est la fameuse « nécessité interne », surgie du contenu même, promue tant par Dedekind[8] que par Hegel[9].

Deuxième temps : histoire de la théorie des ensembles

L'année 1929, Cavaillès commence ses lectures sur la théorie des ensembles par l'œuvre de Paul Du Bois Reymond. À sa famille il écrit « Du Bois Reymond avance lentement, mais c'est assez fécond »[10], sous-entendu plus fécond que le calcul des probabilités dont il a abandonné l'étude. Il se rend en septembre de cette année à Tübingen, où Du Bois Reymond a enseigné la théorie des fonctions, à la recherche de documents et manuscrits. Dans la bibliographie de sa seconde thèse, *Remarques sur la formation de la théorie abstraite des ensembles*, l'entrée « Du Bois Reymond, P. » comporte neuf items, huit articles et un livre, *Allgemeine Funktionen Theorie* (1882), rangés sous le chef « Théorie de la croissance ». Et dans le corps de cette thèse Cavaillès observe que Du Bois Reymond utilise un « mode de raisonnement original donnant un début de théorie des ensembles, le procédé de la diagonale, [qui] montre que l'axiome d'Archimède n'est pas satisfait »[11]. Un peu plus loin, Cavaillès ajoute « Borel clarifie le débat » dans ses *Leçons sur la théorie des fonctions*[12]. Notation qui laisse présager l'affinité de certaines idées de Cavaillès avec celles de Borel, notamment le réquisit d'effectivité, le rejet des *a priori*, le verdict de l'histoire.

Mais bientôt, à la *Staatsbibliothek* de Hambourg, Cavaillès tombe sur le long article d'A. Fraenkel sur Cantor qui lui révèle l'existence de la correspondance entre Cantor et Dedekind dont il pressent, avant même de l'avoir consultée, l'importance pour identifier les difficultés internes à l'œuvre cantorienne. Il s'enthousiasme par anticipation à l'idée de mettre la main sur une clé pour expliquer le développement de la pensée mathématique de manière *interne*, sans faire intervenir « la contingence historique »[13]. La « présentation philosophique d'un exemple de création mathématique »[14], ainsi qu'il décrit son projet à Fraenkel, doit donc montrer la rationalité intrinsèque du développement mathématique, le rôle des contingences historiques et socio-politiques mais aussi les incitations éventuelles émanant de questions physiques ou biologiques étant mises entre parenthèses. On pourrait dire qu'il s'agit de pratiquer une véritable épochè (ἐποχή) husserlienne vis-à-vis

7. Pour le détail *cf.* H. Benis-Sinaceur, *Jean Cavaillès. Philosophie mathématique*, Paris, Presses Universitaires de France, 1994, réédition Paris, Vrin, 2019, et H. Benis-Sinaceur, *Cavaillès*, Paris, Les Belles Lettres, 2013.

8. R. Dedekind, *Über die Einführung neuer Funktionen in der Mathematik* [1854], trad. fr. « Sur l'introduction de nouvelles fonctions en mathématiques » dans Dedekind, *La création des nombres*, Paris, Vrin, 2008, p. 217-233. D. Hilbert, *Natur und mathematisches Erkennen*, D. E. Rowe (éd.), Basel, Birkhäuser Verlag, 1992, p. 3-4.

9. La nécessité hégélienne est prise dans une dynamique de réalisation (*Verwirklichung*). Elle est l'identité non abstraite de l'essence, identité « pleine de contenu », effective. C'est en ce sens que Hegel soutient que le rationnel (*Vernünftig*) est effectif (*Wirklich*) et que l'effectif est rationnel.

10. Lettre du 25 mai 1929, dans G. Ferrières, *Jean Cavaillès philosophe et combattant, 1903-1944, op. cit.*, p. 51.

11. J. Cavaillès, *Philosophie mathématique*, Paris, Hermann, 1962, p. 64; *Œuvres*, p. 262.

12. Sur le rapport de Borel à Du Bois Reymond et à Cantor, voir M. Bourdeau, « L'infini nouveau autour de 1900 », dans A. Brenner et A. Petit (éd.), *Science, histoire et philosophie selon Gaston Milhaud*, Paris, Vuibert, 2009, p. 207-219.

13. Lettre du 19 novembre 1930, dans G. Ferrières, *Jean Cavaillès philosophe et combattant, 1903-1944, op. cit.*, p. 64-65.

14. Lettre du 7 janvier 1931, dans G. Ferrières, *Jean Cavaillès philosophe et combattant, 1903-1944, op. cit.*, p. 69-70.

des mathématiques dans le but de saisir l'essence de la pensée qui s'y déploie indépendamment des circonstances diverses de son surgissement. Ce peut être là un indice de l'impact de la lecture conjuguée de Husserl et des textes mathématiques. L'indice d'une recherche d'essence à travers un développement. Cela annonce déjà le paradigme dialectique auquel Cavaillès va se rallier. Et c'est un indice aussi de l'écart que Cavaillès opère par rapport à Brunschvicg qui, lui, ne laissait de côté ni les sciences expérimentales ni la psychologie ni la sociologie ni l'environnement intellectuel dans ses analyses multifactorielles[15].

Il s'agit de pratiquer une véritable épochè husserlienne

À cette date Cavaillès poursuit sa lecture de Husserl, s'intéresse à Heidegger, qu'il a entendu à Davos en 1929 et qu'il va écouter à Freiburg[16]. En mathématiques, il semble qu'il ait choisi : il écrit « Cantor a raison contre Kronecker »[17]. Il est donc loin des constructivistes en général et de Borel en particulier. Cependant, avant l'achèvement de ses thèses, il écrit, après avoir assisté au Congrès international de philosophie à Prague 1934, un article sur « L'École de Vienne au Congrès de Prague » (paru en 1935), et parallèlement il met au point, avec la collaboration d'Emmy Nœther, l'édition de la correspondance Cantor-Dedekind, publiée en 1937. Dans l'article sur le Congrès de Prague, Cavaillès aborde la théorie des probabilités de Reichenbach. Il y découvre la notion de *Setzung*, c'est-à-dire de «mise» ou «pari», « type nouveau de proposition s'appliquant à l'avenir, n'affirmant pas qu'un événement se produira nécessairement, mais qu'il est raisonnable de l'attendre »[18]. Il prend acte de la conséquence de cette innovation sur le principe d'induction, qui ne fournira que des conclusions probables et de l'indispensable utilisation de méthodes d'approximation dont la relation de causalité sort fragilisée. Il note aussi la création dans les années 1920 des logiques polyvalentes par Jan Lukasiewicz (1878-1956) et Emil Post (1897-1954), le lien de ces logiques avec la physique quantique, et la thèse de Reichenbach selon laquelle le pari contraindrait à abandonner la logique bivalente pour une logique multivalente. Cette brève rencontre avec la notion scientifique de pari ne semble pas encore avoir détourné Cavaillès de son questionnement sur le fondement des mathématiques.

En effet, au IXe Congrès international de philosophie (Congrès Descartes) en 1937, il intervient par des « Réflexions sur le fondement des mathématiques », où il précise que « la langue [symbolique] mathématique n'est qu'indication vers des actes effectifs dans l'esprit du mathématicien ». On notera l'émergence de la notion d'acte, d'effectivité et la référence à l'esprit du mathématicien, et même, quelques lignes plus bas, aux « consciences mathématiciennes ».

15. Cavaillès exprime dans une lettre à ses parents du 21 février 1936 (G. Ferrières, *Jean Cavaillès philosophe et combattant, 1903-1944, op. cit.*, p. 106-107) son admiration pour *Les Étapes de la philosophie mathématique*, et ajoute qu'il ne croit pas qu'il « aurai[t] eu la patience de faire un livre portant sur tant de choses à la fois ».

16. Le maître livre de Heidegger, *Sein und Zeit* (*Être et Temps*) est paru en 1927 et suscite bien des discussions en Allemagne, où Cavaillès séjourne longuement grâce à une bourse Rockefeller.

17. Lettre du 3 février 1931, dans G. Ferrières, *Jean Cavaillès philosophe et combattant, 1903-1944, op. cit.*, p. 74.

18. *Œuvres*, p. 573.

C'est concomitamment à Husserl et à Brouwer, plutôt qu'à Borel, que pense Cavaillès. Normal, vu que la préoccupation ici est celle de fondement, qui n'était pas le point de mire de Borel. Chose remarquable dans cet article : Cavaillès intègre le paramètre historique ainsi que « les démarches concrètes pour organiser l'action de la conscience dans le monde » dans la description de « l'activité mathématique ». Ces « démarches concrètes » substituent à une unique intuition fondamentale, nombre entier positif de Kronecker ou dyade temporelle de Brouwer, une « procession illimitée » d'actes intuitifs, originairement ancrés dans le monde sensible, et produisant, par idéalisation et thématisation, nombre d'objets mathématiques ainsi objectivement détachés de l'esprit. Plutôt que d'insister sur « l'exode [vers le monde] de la conscience à partir de sa plus profonde demeure » comme l'écrira Brouwer[19], Cavaillès souligne inversement que « la mathématique ne quitte pas le monde sensible »[20], fidèle sur ce point à la doctrine de Brunschvicg, et ajoute que la théorie kantienne, amendée par la théorie du signe de Hilbert, conserve une part de vérité. À ce stade de sa pensée, Cavaillès préserve comme éléments du cadre de ses explications la conscience, les actes intuitifs et le lien avec le monde, les actes intuitifs étant corrélés à des données sensibles (phénomènes du monde ou signes mathématiques). La notion d'acte voisinant avec celle d'activité dénote l'influence initiale de la phénoménologie de Husserl. En même temps l'activité intuitive est dotée d'une « dialectique interne », version nouvelle de la dialectique entre raison et expérience que Brunschvicg n'a cessé de prôner, adaptant le mouvement hégélien à l'analyse des sciences positives. On voit donc qu'une année avant l'achèvement et la soutenance de ses thèses, Cavaillès est surtout occupé à faire le point entre la position de Hilbert et celle de Brouwer, et entrecroise des idées héritées de Brunschvicg ou acquises par la lecture de Husserl. Cependant « le développement dialectique des mathématiques »[21] est déjà l'idée-socle de son épistémologie. Cette idée reste à ce moment fondée sur l'activité intuitive de la pensée, mais dans la conclusion de sa thèse principale (*MAF*, p. 172), le mouvement dialectique aura pour supports les contenus mathématiques eux-mêmes. Plus tard, dans son écrit posthume, *Sur la logique et la théorie de la science*, publié en 1947[22], ces contenus seront identifiés aux idées de Spinoza, douées, comme l'on sait, de spontanéité et d'une capacité de superposition indéfinie.

Troisième temps : Méthode axiomatique et formalisme

Le sous-titre de la thèse principale est *Essai sur le problème du fondement des mathématiques*. Et c'est bien ce problème, énoncé dès la première phrase de l'Introduction, dont va traiter l'ouvrage. La correspondance avec ses parents

19. L. E. J. Brouwer, « Consciousness, Philosophy, and Mathematics » [1948], trad. fr. dans J. Largeault, *Intuitionnisme et théorie de la démonstration*, Paris, Vrin, 1992, p. 427. Brouwer explicite le subjectivisme de sa position de la façon suivante : « La beauté de construction la plus pleine est la beauté *introspective* [nous soulignons] des mathématiques, où l'intuition fondamentale [...] est laissée à son libre déploiement. Celui-ci, n'étant point soumis aux contraintes du monde extérieur, échappe à la finitude et à la responsabilité ; conséquemment ses harmonies intérieures peuvent atteindre n'importe quel degré de richesse et de clarté ».

20. *Œuvres*, p. 579.

21. *Œuvres*, p. 580.

22. J. Cavaillès, *Sur la logique et la théorie de la science* [1947], Paris, Presses Universitaires de France, 1960, ci-après *LTS*, et dans *Œuvres*, p. 473-560.

nous apprend que, lors des dernières mises au point à son travail, Cavaillès a pris connaissance du fascicule de « logistique » du groupe Bourbaki, rédigé par Claude Chevalley, qu'il s'est déplacé à Göttingen pour discuter avec Gentzen à propos de la démonstration par ce dernier de la non-contradiction de l'arithmétique, à Rotterdam pour « revoir sa thèse principale auprès de Brouwer et de Heyting »[23]. Le « souci » logique, comme le désignait Cavaillès dans sa correspondance avec Albert Lautman[24], est donc dominant. La thèse est, en effet, principalement orientée vers la théorie de la démonstration de Hilbert, l'intuitionnisme de Brouwer et la sémantique formelle de Tarski. Mais c'est par « l'empirisme de Borel »[25] que commencent les réflexions des premières pages.

« La mathématique ne quitte pas le monde sensible »

Cavaillès relève l'opposition de Borel aux « mathématiques verbales » ou « constructions logiques [...] dans lesquelles on jongle avec les symboles auxquels ne correspond aucune intuition »[26]. Le terme « intuition » est explicité comme dénotant « un acte effectif de l'esprit ». Jusque-là il y a convergence avec l'intuitionnisme de Brouwer, opposant lui aussi les constructions de l'esprit aux mathématiques « de papier »[27]. Convergence également avec le point de vue de Borel, qui ne conçoit pas d'acte qui ne soit celui d'un esprit humain[28]. Cavaillès relève le caractère inductif des raisonnements sur les ensembles mesurables B qui fait du « corps de Borel » une « réalité en devenir ». L'idée de « réalité en devenir », qui se retrouve aussi dans le déploiement des « *species* »[29] de Brouwer, va marquer la réflexion de Cavaillès, en dépit des difficultés qu'il voit à la position « empiriste » de Borel : la mise en question de certains procédés naïfs de l'analyse classique, ainsi les définitions dites « descriptives » par Lebesgue par opposition aux définitions constructives qui fournissent un calcul ou une mesure de l'objet défini, ou bien l'utilisation

23. G. Ferrières, *Jean Cavaillès philosophe et combattant, 1903-1944*, *op. cit.*, p. 116.

24. H. Benis-Sinaceur, « Lettres inédites de Jean Cavaillès à Albert Lautman », *Revue d'histoire des sciences* 40, 1, 1987, p. 126.

25. Selon l'observation de Michel Bourdeau (« L'infini nouveau autour de 1900 », *op. cit.*, p. 208), Cavaillès utilise les termes « empirisme » et « idéalisme », institués par Du Bois Reymond, là où nous employons aujourd'hui constructivisme et platonisme. Mais Cavaillès a relevé l'inadéquation du terme « platonisme » (« La pensée mathématique », dans *Œuvres*, p. 603). D'autre part Cavaillès reprend dans « Du collectif au pari » le terme même par lequel Borel désignait sa position, à savoir « réalisme ». En conséquence j'ai usé, pour ma part, de l'expression « réalisme empirique » (qui correspond, me semble-t-il, à la citation de la page 216 de l'article de M. Bourdeau), pour faire la distinction avec d'autres types de réalisme, réalisme métaphysique par exemple ou « réalisme du mathématicien, qui regarde comme réels les êtres avec lesquels il vit quotidiennement » (citation de la page 215).

26. *MAF*, p. 7 ; dans *Œuvres*, p. 15.

27. « La question "où réside l'exactitude mathématique" reçoit des réponses différentes, l'intuitionniste disant : dans l'esprit humain, et le formaliste : sur le papier ». « Intuitionnisme et formalisme », dans J. Largeault, *Intuitionnisme et théorie de la démonstration*, *op. cit.*, p. 41. « L'intuitionnisme doit prendre conscience de l'existence extralinguistique de la mathématique pure », *ibid.*, p. 266.

28. « Je ne conçois pas ce que peut être la possibilité en soi d'un acte qui serait impossible pour tout esprit humain ; c'est pour moi une pure abstraction métaphysique, en dehors de toute réalité mathématique [...]. La science "toute subjective" [...] me paraît être la seule science dont on puisse légitimement parler. » cité d'après M. Bourdeau, « L'infini nouveau autour de 1900 », *op. cit.*, p. 217.

29. Notion alternative à celle d'ensemble.

de l'axiome du choix non dénombrable. Cette idée de « réalité en devenir » s'ajuste d'ailleurs à la conception hégélienne, axée non sur l'être, mais sur le devenir, à laquelle Cavaillès emprunte le mouvement dialectique pour caractériser le « mouvement de pensée »[30] mathématique.

Du point de vue technique, Cavaillès a noté, sans s'y attarder davantage, le « rapprochement inattendu », dû à Borel, de la théorie de la mesure de Lebesgue avec le calcul des probabilités[31]. Du point de vue philosophique, il est d'accord avec Borel pour séparer la réalité mathématique de considérations métaphysiques et ne pas la réduire à la logique[32]. Mais il admet les définitions descriptives de Lebesgue[33] et n'accepte pas la restriction aux ensembles dénombrables ni aux ensembles effectivement énumérables au sens de Borel, c'est-à-dire ceux pour lesquels il est possible d'indiquer une bijection avec l'ensemble des entiers naturels[34]. Autrement dit, il ne se résout ni à l'idéalisme des cantoriens ni au réalisme empiriste de Borel. S'il cherche à définir « l'expérience mathématique », il est cependant bien loin de considérer les mathématiques comme « une science naturelle »[35]. Aussi estime-t-il, par exemple, que l'induction transfinie, même bornée comme l'est celle utilisée par Gentzen, « n'est en aucune façon expérimentale » et « appartient déjà aux mathématiques ». Celles-ci dépassent donc la sphère strictement expérimentale, c'est-à-dire celle du fini[36]. Et il exprime à sa façon l'idée que seul « le développement ultérieur des mathématiques » permettra de trancher une question en suspens[37], mais il est plus radical encore que Borel, car pour lui, s'en tenir au travail effectif de la pensée implique que le devenir est imprévisible au point qu'on ne peut assurer que les restrictions d'aujourd'hui n'apparaîtront pas inutiles demain[38]. Cavaillès semble ici emboîter le pas à Brouwer et Heyting dans le refus « d'enserrer les possibilités de pensée dans le corselet de principes déterminés à l'avance »[39]. Il ne manque pas, d'ailleurs, de retourner l'argument contre les principes de l'intuitionnisme lui-même, qui rejette la pratique du tiers exclu et la considération de l'infini actuel[40]. Pour Cavaillès il s'agirait moins d'orienter les mathématiques vers l'action dans le monde (Borel) que de considérer les mathématiques elles-mêmes comme une action : « *mehr ein Tun denn eine Lehre* » (Brouwer). La

30. *MAF*, p. 8 ; *Œuvres*, p. 16.
31. *MAF*, p. 79 ; *Œuvres*, p. 87.
32. É. Borel, « Les "paradoxes" de la théorie des ensembles », *Annales scientifiques de l'ENS* 25, 1908, p. 444. Borel entend se placer « sur le terrain des réalités, sans y mêler aucune considération métaphysique, ni de logique pure ». On connaît par ailleurs la défiance de Borel à l'égard des « constructions purement verbales dans lesquelles on jongle avec des symboles auxquels ne correspond aucune intuition » (*Leçons sur la théorie des fonctions*, 3e éd., Paris, Gauther-Villars, 1928, n. 4, p. 159 et 181).
33. Plus généralement, Cavaillès considère comme descriptives les définitions par adjonction d'éléments idéaux et les axiomatisations partielles (*MAF*, p. 172 ; *Œuvres*, p. 180).
34. Cavaillès écrira dans *LTS*, p. 73, et *Œuvres*, p. 555 : « Avec l'infini commence la véritable mathématique », opinion qui sera reprise notamment par J. T. Desanti et G. G. Granger.
35. É. Borel, « La logique et l'intuition en mathématiques », *Revue de Métaphysique et de Morale* 15, 3, 1907, p. 273-283, et dans M. Fréchet (éd.), *Émile Borel, philosophe et homme d'action*, Paris, Gauthier-Villars, 1967, p. 298.
36. *MAF*, p. 165 ; *Œuvres*, p. 173.
37. É. Borel, « L'antinomie du transfini », *Revue philosophique de la France et de l'Étranger* 49, 1900, p. 381-382.
38. *MAF*, *op. cit.*, p. 21, *Œuvres*, p. 29.
39. Cité dans *MAF*, p. 34 ; *Œuvres*, p. 42.
40. *MAF*, conclusion, p. 182 ; *Œuvres*, p. 190. Il fait aussi porter l'argument contre le finitisme de Hilbert.

conséquence philosophique de cette doctrine est importante; formulée par Heyting, elle est aussi une des caractéristiques du point de vue de Cavaillès : « la possibilité de la connaissance ne se manifeste à nous que par l'acte de connaître lui-même »[41]. Ce sera une charge de poids contre le réalisme. En attendant, Cavaillès focalise son attention sur « le travail intellectuel effectif » du mathématicien plutôt que sur la réalité empirique saisie ou explorée par ce travail. Il cherche le fondement du travail mathématique du côté des processus de l'esprit : penser, comprendre, exprimer[42]. Mais avec l'expression advient le passage à l'objectivité : la dialectique du mouvement de pensée mathématique se transmue en dialectique des contenus mathématiques considérés en eux-mêmes[43], et non dans leur rapport à la réalité phénoménale du monde. Cela ne signifie nullement une méconnaissance de ce rapport mais sa mise entre parenthèses (au sens de l'ἐποχή de Husserl) pour mieux en comprendre le statut : la réalité du monde ne peut servir de *fondement* à la réalité mathématique – ce avec quoi Borel est d'accord –, l'enregistrement d'expériences ne peut servir à *expliquer* la nécessité des enchaînements mathématiques, même s'il en permet, comme le pense Borel, la *vérification*.

Quatrième temps : « Du collectif au pari »

Cet article, écrit un an seulement après la publication de ses thèses, occupe une place à part dans l'œuvre, peu volumineuse, de Cavaillès. Il n'est pas dans la ligne des travaux consacrés à la théorie des ensembles abstraits[44] et des nombres transfinis de Cantor[45], ou à l'axiomatisation et la formalisation hilbertiennes en contraste avec l'intuitionnisme de Brouwer. À première vue, il n'est pas davantage dans la ligne de l'épistémologie dominante que Cavaillès construit sous l'influence initiale de Brunschvicg et en dialogue croisé avec Kant, Spinoza, Husserl et Hegel et dont le dernier état est livré par son ouvrage posthume, *Sur la logique et la théorie de la science.* Nous identifierons cependant certaines constantes, ou du moins certaines continuités, parfois chargées de résonances boréliennes.

Dans « Du collectif au pari » – ci-après *CP* – Cavaillès reprend une investigation qui lui avait d'abord semblé fastidieuse et s'attaque à la pensée par approximation qu'il avait d'abord jugée propre au physicien plutôt qu'au mathématicien. Il lui faut donc « quitter le monde aux arêtes vives

41. Cité dans *MAF*, p. 38; *Œuvres*, p. 46.
42. *MAF*, p. 92; *Œuvres*, p. 100.
43. *MAF*, p. 172.
44. À propos de la théorie cantorienne, Émile Borel écrit : « Les idées fondamentales acquises au moyen de l'étude de la Théorie des ensembles sont suffisamment assimilées pour que cette théorie devienne en quelque sorte inutile, son seul rôle – fort considérable – ayant été de créer un état d'esprit permettant un magnifique développement de la Théorie des fonctions. Tout ce développement peut être exposé d'une manière presque entièrement indépendante de la Théorie purement abstraite des ensembles; mais il est *conditionné par les formes de pensée acquises au moyen de l'étude de cette théorie :* celle-ci n'a jamais rendu de plus éclatants services. » (« La théorie des ensembles et les progrès récents de la théorie des fonctions », dans M. Fréchet (éd.), *Émile Borel, philosophe et homme d'action, op. cit.*, p. 168, nous soulignons).
45. À propos du transfini, Borel écrit : « Les raisonnements sur les symboles alephs conservent pour moi un caractère purement abstrait, ne correspondant à aucune réalité » (« L'infini mathématique et la réalité », dans *Émile Borel, philosophe et homme d'action, op. cit.*, p. 183).

des certitudes, pour entrer dans le royaume flou des approximations »[46]. Il délaisse les théories abstraites pour une mathématique tournée vers ses applications à la réalité empirique. Ce ne sont plus les travaux de Cantor, Dedekind, Hilbert, Brouwer, Gentzen, Skolem, Herbrand ou Tarski qui sont examinés, mais ceux de Richard von Mises, Hans Reichenbach, Abraham Wald, Andreï Kolmogorov, Jean Ville, et Émile Borel. Cavaillès, ici, place sous son regard ce qu'il avait mis entre parenthèses dans les écrits antérieurs : le rapport du mathématique au monde transformé par lui. Fidèle en cela à Brunschvicg, Cavaillès avait écrit dans la conclusion de *Méthode axiomatique et formalisme :* « ce n'est pas quitter le monde sensible que d'agir sur lui[47] (tout objet abstrait [...] est un geste sur un geste, ... sur un geste sur le sensible primitif) »[48]. Affirmation qui dément moins la pensée du signe de Hilbert que la conscience pure du temps de Brouwer. Mais surtout le lien au monde, étant non d'interprétation, mais d'action, ouvre la pensée sur l'avenir, ce qui était une constante de l'œuvre de Brunschvicg, en accord sur ce point avec Borel. Dans ses analyses épistémologiques comme dans sa vie, Cavaillès aura toujours le regard tourné vers le futur.

Comme d'autres écrits de Cavaillès, cet article « Du collectif au pari » est particulièrement dense et demande une lecture extrêmement attentive. Aux éléments techniques puisés dans les œuvres mathématiques consultées l'exposé agrège les objections faites par un auteur à l'autre, les réponses de celui-ci à celui-là, et au passage, souvent en une seule phrase, le propre point de vue de Cavaillès. Il faut donc désintriquer les composants pour distinguer l'apport de Cavaillès de ce qu'il rapporte des vues des auteurs étudiés. Laurent Mazliak et Marc Sage estiment que l'article de Cavaillès « est la meilleure synthèse qui résume l'esprit de Borel face à la quantification du hasard »[49]. Cet esprit tient en une phrase : « Il n'est pas possible à l'esprit humain d'imiter parfaitement le hasard »[50]. La conséquence importante en est que « Les formules ne créent pas l'esprit de finesse, mais en facilitent l'usage »[51]. Cavaillès a en effet saisi l'esprit de la théorie de Borel : il note qu'il « n'y a pas de définition mathématique du hasard », concluant que « le dernier sens de hasard, c'est

« Il n'est pas possible à l'esprit humain d'imiter parfaitement le hasard »

46. J. Cavaillès, « Du collectif au pari », *Revue de Métaphysique et de Morale* 47, 2, 1940, p. 154, dans *Œuvres*, p. 644.
47. Comme y a insisté Laurent Mazliak dans la séance que nous eûmes ensemble, agir sur le monde était l'objectif principal de Borel.
48. *MAF*, p. 178-179.
49. L. Mazliak et M. Sage, « Au-delà des réels. Borel et l'approche probabiliste de la réalité », *Revue d'histoire des sciences* 67, 2, 2014, p. 333.
50. É. Borel, *Valeur pratique et philosophie des probabilités*, Paris, Gauthier-Villars, 1939, réédition J. Gabay, Paris, 2009, chap. V, § 47, p. 82-84.
51. É. Borel, *Le hasard*, Paris, Félix Alcan, 1914, préface, p. II. Un peu plus loin (p. 5) Borel enfonce le clou : « Ce qu'il ne faut pas oublier, c'est que l'intelligence doit se contenter de comprendre le monde et ne peut pas le créer : "*Mundum regunt numeri*" est un adage dont il ne faut pas abuser pour chercher à construire l'univers *a priori*, sans recourir à l'observation ; il faut l'interpréter : les nombres aident à comprendre le monde ».

ignorance »[52]. Conclusion consonante avec la conception spinoziste dont Cavaillès est imprégné[53]. Cavaillès a affirmé, au moment où il écrit, que la théorie de Borel est « la meilleure – ou la seule – façon de concevoir le rôle du calcul des probabilités dans les sciences de la nature »[54]. Cela conforte le jugement de L. Mazliak et M. Sage, Mais il y a aussi du Cavaillès non borélien dans l'article de Cavaillès.

Le titre de l'article indique le chemin qui mène de la définition par Richard von Mises de la probabilité à celle d'Émile Borel. Von Mises définit la probabilité par une collection d'événements représentée par une suite infinie[55] d'éléments posée d'entrée de jeu et satisfaisant les conditions que l'on sait précisément être celles d'une suite d'événements dus au hasard[56], par exemple une suite d'épreuves répétées : c'est la théorie des collectifs, amendée par A. Wald et Jean Ville, reprise et réinterprétée par H. Reichenbach. Borel, lui, définit la probabilité par « la méthode du pari », qui attache la probabilité non à l'occurrence d'un événement aléatoire mais au jugement ou à la croyance que telle personne porte sur la réalisation ou non dudit événement. On passe ainsi d'une interprétation objective de la probabilité comme limite de fréquence à son interprétation subjective comme *évaluation a priori* par un individu de la probabilité de tel événement isolé. En dernière analyse, on passe d'une théorie de la nature dégageant les lois stochastiques de processus aléatoires dans des statistiques de fréquence à une théorie de la connaissance *pratique* incluant expérience, informations, suppositions, prise de risque, choix et décision dans des conditions d'incertitude subjective à propos d'une situation qui, par définition, ne se répète jamais à l'identique. « Il s'agit de savoir si l'on peut attribuer *a priori* une probabilité déterminée à un événement futur, unique en son genre »[57]. L'attribution par un individu déterminé sera corrélative d'opérations mentales et de comportements distincts de la simple observation de fréquences. D'où le coefficient de subjectivité[58].

Les probabilistes sont en général d'accord pour dire que la théorie des probabilités n'est pas seulement une branche des sciences mathématiques, mais

52. *CP*, p. 149; *Œuvres*, p. 640. *Cf.* Borel, *Le hasard, op. cit.*, p. 7 : « La caractéristique des événements que nous appelons fortuits, ou dus au hasard, c'est de dépendre de causes trop complexes pour que nous puissions les connaître toutes et les étudier ».

53. Pour Spinoza, « Dans la nature des choses il n'y a rien de contingent » (*Éthique* I, prop. XXIX), et nous croyons fortuit ce dont nous avons une connaissance défectueuse (*Éthique* I, prop. XXXIII, scolie : « si l'on dit une chose contingente, cela n'a pas d'autre cause qu'eu égard au défaut de notre connaissance »).

54. *CP*, p 161 ; *Œuvres*, p. 650.

55. Bruno de Finetti objecte que la conception de von Mises n'a pas de valeur pratique : « elle affirme quelque chose pour les suites infinies dont on ne pourra jamais connaître rien, mais elle ne dit rien (sauf à l'interpréter d'une façon arbitraire) au sujet de tous les événements ou combinaisons d'événements en nombre fini, les seuls qui nous intéressent et dont il soit possible de s'occuper dans la pratique » (B. de Finetti, *Compte rendu critique du Colloque de Genève sur la théorie des probabilités*, Paris, Hermann, 1939, p. 17). Cavaillès reprend le même argument p. 151, *Œuvres*, p. 642.

56. Borel remarque ironiquement : « C'est encore une application de la méthode du romancier qui raconte l'histoire en commençant par la fin. », *Valeur pratique et philosophie des probabilités, op. cit.*, p. 82.

57. É. Borel, *Valeur pratique et philosophie des probabilités, op. cit.*, p. 91.

58. Michel Bourdeau note (« L'infini nouveau autour de 1900 », *op. cit.*, p. 213) que Borel défend une position qu'il déclare « subjective », mais « qu'il serait sans doute plus approprié d'appeler *expérientielle* » (souligné par l'auteur). Si l'on donne son plein poids à l'expérience, comme le fait Borel tant pour l'expérience empirique que pour l'expérience scientifique, la remarque est pertinente. Néanmoins, ici, c'est bien de « probabilité subjective » qu'il s'agit, par opposition aux probabilités objectives livrées par les limites de fréquence extraites de tableaux statistiques.

la base même de la connaissance scientifique. Ils diffèrent sur l'interprétation – la signification, selon le vocable utilisé par Cavaillès – de la théorie.

Cavaillès procède à une analyse précise des collectifs de von Mises, y compris les modifications apportées par A. Wald et J. Ville. Il s'arrête au statut des propriétés imposées aux collectifs en tant qu'elles sont une « idéalisation » des conditions réelles dans lesquelles on obtient les résultats d'une suite de coups de dés ou d'un tableau statistique, comme en géométrie le cercle est une idéalisation des ronds de la nature[59]. Borel reprochait à la théorie de von Mises de commencer par la fin, Cavaillès y voit l'explicitation de la conception fréquentiste des probabilités et de sa convergence avec la loi des grands nombres : la loi de Jacques Bernoulli peut se traduire en termes de collectifs, c'est la même notion de limite qui est utilisée ici et là. Cavaillès fait observer en passant que l'idéalisation opérée *n'est pas une création*[60]. Sans doute fait-il une comparaison tacite avec la création cantorienne et l'axiomatisation de type hilbertien qu'il a étudiée dans *MAF*, où l'idéalisation conduit à poser de nouveaux concepts, ainsi que l'a paradigmatiquement illustré Richard Dedekind avec ses nombres abstraits dans *Was sind und was sollen die Zahlen ?*[61]. Et surtout Cavaillès juge naïf l'épistémologie qui fait naître les objets mathématiques par abstraction à partir du réel. « En fait, écrit-il, il y a *développement autonome* d'opérations qui, *dès l'origine*[62], sont mathématiques ». Les résultats obtenus par application des opérations au réel sont des approximations. Du reste, Borel n'a cessé de souligner le caractère précis et rigoureux du calcul approché et de la connaissance expérimentale. Mais, avec le collectif, poursuit Cavaillès en s'inspirant de Borel, « le passage à la limite, où l'infini est essentiel, n'est approché par aucune suite aléatoire expérimentale ». Le lien avec l'expérience, si essentiel aux yeux de Borel, est donc déficient. Cependant, il est une autre manière d'interpréter l'infinité de la suite : c'est, selon Reichenbach, « l'indétermination d'un déroulement en plein devenir »[63]. Et ainsi un lien existe, non avec l'expérience actée mais avec l'expérience en acte, non avec ce qui est mais avec ce qui sera, non avec ce qui est constatable mais avec ce qui est prévisible. Et là s'impose la notion de pari, mise en avant tant par Reichenbach que par Borel. Pour sa part, Reichenbach l'inclut dans une interprétation fréquentiste fondée sur les collectifs et une logique multivalente, à valeurs comprises dans l'intervalle réel [0,1], le pari n'étant pas une proposition susceptible d'être vraie ou fausse. Cavaillès reconnaît la pertinence des réflexions philosophiques de Reichenbach. C'est en les rapportant brièvement qu'il souligne « l'allure hésitante de la science, [...] royaume flou des approximations, où s'entrecroisent actes et paris ». Et d'ajouter : « La confiance même qu'on aboutira est un pari [un pari sur un pari donc], mais le seul raisonnable. La probabilité, bâton d'aveugle, peut seule nous mener dans le chemin de l'avenir – s'il y a un chemin ». Comme

59. *CP*, p. 144 ; *Œuvres*, p. 636.
60. *CP*, p. 146 ; *Œuvres*, p. 637.
61. *MAF*, p. 173. Dedekind a soin de préciser dans sa préface à la première édition que les nombres qu'il construit sur la base des concepts d'application (*Abbildung*) et d'ensemble (*System*) ne sont pas les nombres entiers qui nous sont familiers, mais des formes irréelles (*schattenhafte Gestalten*).
62. Nous soulignons.
63. *CP*, p. 152 ; *Œuvres*, p. 643.

Brunschvicg, Cavaillès insistera sa vie durant sur l'allure imprévisible du développement mathématique. Mais, de même que chez Borel le hasard n'exclut pas le déterminisme, de même pour Cavaillès imprévisible ne veut pas dire contingent; l'imprévisible advenu entretient des liens de *nécessité interne* avec les résultats et les problèmes antérieurs. La nécessité est *interne*, c'est dire qu'elle n'est pas d'ordre causal, comme il arrive dans les sciences physiques ou empiriques. Elle est d'ordre structurel, c'est-à-dire à la fois sémantique et syntaxique. En effet, imprévisible ne veut surtout pas dire insignifiant comme peut l'être, par exemple, une suite totalement aléatoire de lettres de l'alphabet. Cavaillès insiste au contraire beaucoup, dans son écrit posthume, sur les architectures de sens. Imprévisible, pour lui, veut dire radicalement nouveau bien que nécessité par le problème posé : « on ne peut pas, par une simple analyse des notions déjà employées, trouver à l'intérieur d'elles les nouvelles notions : les généralisations, par exemple, qui ont engendré de nouveaux procédés »[64].

Cavaillès semble apprécier les réflexions philosophiques de Reichenbach mais il formule quelques critiques à propos de sa solution technique, qui procède par superposition de paris, pour approcher, par tâtonnements successifs, les limites de fréquences, quand elles existent, et justifier donc ou rejeter le pari initial. 1) Il montre comment la logique bivalente continue de gouverner à la fois les propositions correspondant aux éléments du collectif et celles qui attribuent au pari sa valeur, laquelle est 0 ou 1[65]. 2) Il conteste l'interprétation de l'infinité de la suite par l'imprévisibilité d'un déroulement : avec une suite infinie « nous n'avançons pas dans le temps, mais nous considérons à l'avance, en bloc, tous les états (également futurs) d'une certaine succession »[66]. 3) Enfin paris et tâtonnements échappent, en fait, à toute détermination. Le modèle proposé par Reichenbach a le tort de « prescrire son chemin à la science », lequel est imprévisible.

La nécessité est interne, c'est-à-dire qu'elle n'est pas d'ordre causal

Après cela, Cavaillès se tourne vers la notion de pari telle que conçue par Borel. Définir la probabilité par le pari découle du fait, mis en lumière par Borel, qu'il n'y a pas de définition mathématique du hasard, et donc pas de critère pour caractériser une suite fortuite. Aussi *le fondement* du calcul des probabilités est-il pour Borel la probabilité d'un cas isolé, laquelle est « définie subjectivement par les conditions du pari que l'on est disposé à accepter pour ou contre l'événement ». Les probabilités objectives sont alors « celles dont la valeur est la même pour un certain nombre d'individus également bien informés sur les conditions de l'événement aléatoire. Si cet événement, comme un coup de dés, peut se répéter un grand

64. « La pensée mathématique », dans *Œuvres*, p. 601.

65. De Finetti précise que « l'infinité des modalités intermédiaires [entre 0 et 1] sert seulement à mesurer notre doute lorsque nous ne savons pas encore laquelle des deux modalités objectives est juste » (« La prévision, ses lois logiques, ses sources subjectives », *Annales de l'Institut Henri Poincaré* 7, 1, 1937, p. 61).

66. *CP*, p. 155; *Œuvres*, p. 645.

nombre de fois dans les mêmes conditions, la théorie des épreuves répétées nous apprend que la valeur limite de la fréquence est égale à la probabilité[67]; ceci nous donne une *vérification*, mais non une *définition* »[68].

Cavaillès fait ressortir que le pari nous place dans une philosophie du jugement, qui est celle-là même de Brunschvicg, et à laquelle il adhère encore avant de proposer, dans son écrit posthume, une philosophie du concept. Il questionne les prérequis de Borel, qui ne considère les mathématiques qu'autant qu'elles sont l'instrument des sciences expérimentales, fait de l'expérience le critère de vérité et privilégie la certitude pratique sur la certitude mathématique. Pour Cavaillès une difficulté, qui ne semble pas arrêter les scientifiques, se loge dans l'idée d'approximation : celle-ci suppose en effet une réalité logiquement antérieure au calcul ou à la loi qui en est l'approximation. Laurent Mazliak et Marc Sage font observer que pour Borel la réalité prend diverses formes : mathématique, physique, pratique ou autre[69]. Remarque importante qui permet de s'y retrouver dans la diversité des exemples de Borel, affilié chacun à l'une de ces formes[70]. En critiquant l'ontologie de l'en soi, Cavaillès signifie que, quel que soit le plan où l'on se place, métaphysique, scientifique ou empirique, on ne peut séparer réalité et connaissance de ladite réalité. Il n'y a rien derrière la réalité connue. C'est en ce sens qu'il refuse « l'ontologie réaliste », clairement présente dans l'interprétation fréquentiste mais aussi bien dans la conception borélienne qui insiste tant sur le caractère approché de toute donnée expérimentale et de toute évaluation ou jugement de probabilité dont confirmation ou réfutation est apportée par une situation concrète.

On ne peut séparer réalité et connaissance de ladite réalité

C'est une conséquence de ce refus du réalisme empirique que d'écrire « connaître le monde c'est parier – parier que certains actes réussiront, expériences de laboratoire ou techniques industrielles. Le caractère vital, extra-intellectuel, en est profondément aperçu par Borel dans sa description du pari ». Pour Borel c'est l'intérêt de l'individu qui oriente le pari. Cavaillès en fait un commentaire qui décolle du pragmatisme et de la psychologie. L'inspiration est spinoziste (insertion de l'homme dans la nature), le mouvement hégélien (dialectique) : « s'insérer dans la nature, vivant au sein du devenir, inventer les mouvements qui réussiront, l'invention elle-même étant partie du devenir, élément d'un dialogue, comme les gestes du corps dans l'escalade »[71]. Cela indique, écrit Cavaillès, « la direction où [l']engage l'interprétation de Borel ». Autant dire que tout en prenant appui sur les analyses de Borel il

67. On retrouve donc la loi de Bernoulli qui énonce qu'il y a une probabilité proche de 1 pour que, dans une suite d'épreuves assez longue, l'écart entre la fréquence d'un résultat et sa probabilité soit faible.

68. É. Borel, *Valeur pratique et philosophie des probabilités*, *op. cit.*, p. 105 (nous soulignons).

69. L. Mazliak et M. Sage, « Au-delà des réels. Borel et l'approche probabiliste de la réalité », *op. cit.*, p. 333.

70. Dans le même sens, Michel Bourdeau précise (« L'infini nouveau autour de 1900 », *op. cit.*, p. 215) que « comme Borel prend soin de le signaler, le point de vue qu'il adopte change en fonction des circonstances ». Le nombre d'éléments variables dont il faut tenir compte dans une évaluation de probabilité est trop grand pour autoriser des idées fixes.

71. *CP*, p. 160; *Œuvres*, p. 650.

les réinterprète, les inscrivant dans sa propre perspective. Pour lui, le pari a beau être préparé par une réflexion aidée par une information empirique ou par un calcul de probabilité, c'est un « saut *hors de l'expérience* »[72]. Une telle formule sort totalement du cadre de pensée de Borel, qui fait la part belle à l'expérience et laisse le dernier mot au bon sens et au choix raisonnable[73]. Que veut dire être raisonnable demande Cavaillès. Et doit-on supposer univoque le sens du terme « probabilité » ? La probabilité au sens des compagnies d'assurances est-elle, au moins *grosso modo*, la même que la probabilité au sens de la théorie des quanta ? En fait, le sens de la notion est fonction des démarches développées dans tel ou tel secteur scientifique à telle ou telle époque. La variabilité de ces démarches empêche de fixer le sens une fois pour toutes. Il ne reste pour socle commun que les axiomes de Kolmogorov.

Si le calcul des probabilités doit conduire à une réforme nécessaire et profonde des idées sur le réel, comme l'affirme Cavaillès, la notion de pari exige à ses yeux une analyse épistémologique plus poussée. Dire que le succès ou l'échec d'un pari en transforme l'énoncé en proposition vraie ou fausse n'en épuise pas la signification. Constater *a posteriori* le succès ou l'échec fournit une vérification, non une définition, comme y insiste Borel. Certes, mais Cavaillès distingue entre signification philosophique et vérification expérimentale. Pour lui, la sanction par l'expérience ne permet pas – et n'a pas pour but – de décrire, en amont, le pari *en tant que tel*. La philosophie des probabilités est autre chose que leur valeur pratique. C'est pourquoi Cavaillès précise que la réforme qu'il appelle de ses vœux ne consiste pas en une « résurrection du pragmatisme ». Il s'agit plutôt de préciser « le rapport entre raison et devenir » dans l'activité de la conscience. Interrogation hégélienne s'il en est. Cavaillès amorce l'analyse qui devra effectuer le renouvellement conceptuel requis par le développement du calcul des probabilités : « Le pari se situe à la ligne de partage entre action pure vécue et spéculation autonome : à la fois élan vers l'avenir, reconnaissance d'une nouveauté radicale, risque, et, d'autre part, essai de domination par imposition d'un ordre, établissement de symétries. Son essence, l'unification de ses deux thèmes constitutifs, sont loin d'être claires ».

Conclusion

Les circonstances politiques empêchèrent Cavaillès de prolonger l'analyse. Engagé de première heure dans la Résistance, il eut l'occasion répétée d'unifier dans l'urgence et pratiquement réflexion et action – la théorie pouvait attendre. Dès le début et constamment il a parié sur la victoire et a pris tous les risques. Mais prisonnier dans le camp de Saint-Paul d'Eyjeaux en 1942, tandis qu'il cherchait l'occasion et le moyen de s'évader pour reprendre ses activités de Résistant, il rédigea son testament philosophique : de la « spéculation autonome » et le programme de « philosophie du concept ». C'est une révolution dans le

72. *CP*, p. 162 ; *Œuvres*, p. 652.

73. « La science du hasard, en effet, ne saurait, plus que tout autre science, prétendre à régir nos actes ; elle peut seulement, comme c'est le rôle de la science, faciliter la réflexion qui précède l'action chez tous les êtres raisonnables. Dans les questions compliquées, le bon sens a besoin d'être guidé par les résultats du calcul ; les formules ne créent pas l'esprit de finesse, mais en facilitent l'usage. » (É. Borel, *Le hasard*, *op. cit.*, p. II).

rationalisme spiritualiste ambiant de l'époque, en France, et dans la pensée de Cavaillès lui-même, qui, d'abord, se mouvait dans le cadre brunschvicgien de la philosophie du jugement et de la conscience.

Quel lien avec l'article sur le pari? Cavaillès a-t-il laissé « le royaume flou des approximations » pour revenir au « monde aux arêtes vives des certitudes » ? Certainement. Mais relisons bien les dernières pages de l'article sur le pari : une certaine continuité les traverse, qui en fait un maillon entre les thèses de Cavaillès et son écrit posthume. Ces pages relèvent en effet une inadéquation entre le calcul des probabilités et l'épistémologie professée par ses promoteurs, von Mises, Reichenbach, Borel lui-même. Celui-ci, dont les travaux étaient alors les plus aboutis, considérait, à juste titre, la sanction par l'expérience comme *vérification*, non comme définition. Cela, c'est au niveau technique. Pour ce qui est du niveau épistémologique, Cavaillès considère que le succès expérimentalement attesté n'est pas une *explication*. Il propose de « chercher dans le sens : continuation possible de l'action »[74]. Ce qui signifie qu'il s'agit de chercher une explication par les effets, non par les causes, par les subséquents, non par les antécédents, et cela dans un même ordre de réalité. Cet ordre peut aussi bien être celui de la pensée mathématique que celui de l'action dans le monde, mais il s'agit de ne pas passer du premier au second ou de chercher dans le second la validation du premier. Justement « la continuation possible de l'action » valait déjà pour les domaines du non-flou : la géométrie, l'algèbre et l'arithmétique. Dans *MAF*, critiquant les conceptions qui veulent que l'objet soit antérieur aux opérations, quand pour lui ils sont absolument inséparables[75], il lance déjà « comprendre est en attraper le geste, et pouvoir continuer ». Ce qui est en jeu dans ce « pouvoir continuer », il le dit très clairement dans l'article sur le pari, c'est « le rapport entre raison et devenir ». La *signification* du pari est dans ce rapport, elle n'est ni dans l'axiomatique ni dans la valeur pratique du calcul des probabilités. Et c'est précisément ce rapport que Cavaillès a déjà mis en avant dans *MAF* en présentant le corps des ensembles boréliens comme une « réalité en devenir »[76] et en insistant sur la conception de Brouwer qui soutient que l'activité mathématique, « on ne peut la définir mais la poursuivre »[77]. C'est ce rapport aussi qu'il s'attachera à élucider dans son écrit posthume, en entrecroisant nouveautés mathématiques et nouveautés philosophiques.

Centrer l'étude sur ce rapport a plusieurs implications dont voici les principales qui sont en relation avec les analyses de l'article sur le pari : connaître ne se réduit pas à connaître le monde[78], autrement dit la connaissance a un contenu propre; l'objet de la connaissance n'est pas une réalité détachée et antérieure à la connaissance (critique du réalisme, métaphysique, scientifique

74. *CP*, p. 161; *Œuvres*, p. 650.

75. « La dualité objet-procédé d'action sur lui est le masque du dépassement dialectique d'une méthode par une autre, les objets posés indépendamment de la seconde étant les corrélats de la première » (*MAF*, p. 178). C'est une critique du réalisme de l'objet, que la position d'objet soit tenue par une entité mathématique, par un phénomène physique, ou par un fait ou une donnée empirique.

76. *MAF*, p. 11-12, et p. 17; *Œuvres*, p. 19-20 et p. 25.

77. *MAF*, p. 33; *Œuvres*, p. 41.

78. *LTS*, p. 53; *Œuvres*, p. 535.

ou empirique)[79]; l'activité mathématique peut, ou doit être considérée en elle-même et pas ou pas seulement comme instrument de la connaissance du monde[80]; le jugement peut, ou doit être considéré en lui-même, comme « relation intelligible » et non comme expression d'une situation du monde[81] ou du libre arbitre d'un individu; cette relation intelligible s'inscrit dans un *enchaînement* intelligible, dont les corrélats associés pour ce qui est des mathématiques, les « contenus mathématiques », sont régis par une « nécessité interne », témoin d'un procès dialectique objectif qui refoule à l'arrière-plan, s'il ne le supprime pas entièrement, le rôle générateur de la conscience. La dialectique hégélienne donne donc le la, mais débarrassée de la direction téléologique qu'elle avait chez son auteur. Le devenir mathématique est imprévisible, ce qui n'empêche pas ses réalisations (*Verwirklichungen*) de tenir les unes aux autres par des liens nécessaires. Les contenus mathématiques s'enchaînent dans une autonomie tant par rapport à la conscience d'un sujet créateur que par rapport au monde de la vie et de la technique – ce qui n'est pas l'avis de Borel. Il y a une expérience proprement mathématique, ce qui est aussi la conviction de Borel. Cavaillès projetait de la décrire dans un livre futur, qui ne vit malheureusement pas le jour. On peut néanmoins en deviner le trait principal d'après la conclusion de *MAF*[82] et un passage célèbre de « La pensée mathématique »[83]. C'est une expérience de connaissance et non pas une connaissance expérimentale au sens reçu.

Hourya Benis-Sinaceur
Directrice de recherche émérite
IHPST, Université Paris1 Panthéon-Sorbonne, CNRS, ENS

79. *LTS*, p. 67; *Œuvres*, p. 549.
80. *LTS*, p. 19; 42, *Œuvres*, p. 501 et p. 524.
81. *LTS*, p. 49; *Œuvres*, p. 531. Cette exigence est formulée dans le contexte d'une analyse de la *Formale und Transzendentale Logik* de Husserl, publiée en 1929 à Halle chez Niemeyer. Cavaillès reproche à Husserl le respect d'un principe de réductibilité qui fait que « le physique le plus physique n'est jamais perdu de vue » et que tout jugement porte, en définitive, sur un objet individuel du monde (*LTS*, p. 54; *Œuvres*, p. 536).
82. Cavaillès tient pour acquise par « le formalisme modifié » la « séparation entre expérience véritable qui est connaissance, donc *ne peut être que celle qui régit les mathématiques*, et l'expérience au sens courant ou expérience physique, superposition d'éléments hétérogènes » (*MAF*, p. 179; *Œuvres*, p. 187, nous soulignons).
83. Dans *Œuvres*, p. 601-602. Cavaillès y affirme que « l'activité des mathématiciens est une activité expérimentale », mais aussitôt il ajoute « Par expérience, j'entends un système de gestes, régi par une règle et soumis à des conditions indépendantes de ces gestes ». « Je reconnais le vague d'une semblable définition » écrit-il. Pour la préciser il ajoute : « chaque procédé mathématique se définit par rapport à une situation mathématique antérieure dont il dépend partiellement, par rapport à laquelle il entretient aussi une indépendance telle que le résultat de ce geste doit être constaté dans son accomplissement ». Et les procédés généraux qu'il donne en exemples, il les a puisés dans les analyses de Hilbert et de Dedekind, et les a nommés « idéalisation » et « thématisation ».

LE SERVICE DE L'ÉTAT : MACHIAVEL ET MONTAIGNE FACE À UNE NOUVELLE VERTU

Vincent RENAULT

S'il est vrai que Machiavel engage le prince nouveau à savoir « entrer dans le mal », il n'en maintient pas moins un horizon moral qui est celui de l'humanisme renaissant, et qui reste chez lui le critère de distinction entre le bien et le mal dans l'action. Pour donner sens à cette attitude qui pourrait sembler contradictoire, il faut revenir au contexte de l'affirmation de l'idée d'État au XVIe siècle, et comprendre que Machiavel essaye de penser cette nouvelle vertu problématique qu'est le service de l'État. Mais comment empêcher que cette vertu, qui justifie la violation des règles ordinaires du « bien » par la distinction entre situation ordinaire et situation extraordinaire, ne finisse par rendre ces règles sans fondement, toute situation de l'agir politique tendant à paraître extraordinaire ?

Comme Tocqueville nous le montre à propos de la démocratie, une nouvelle configuration politique ne laisse pas indemne un système moral même jusqu'alors si dominant qu'il semble promis à l'immortalité. Ce qui, au tournant du XVIe siècle, saute aux yeux des plus avisés – tel Nicolas Machiavel, haut fonctionnaire de la diplomatie florentine –, c'est une Europe qui tend à se structurer selon le principe d'une division en États. Des monarchies à l'autorité fortement ancrée au sein de territoires à peu près incontestés cherchent à étendre cette autorité jusqu'à d'autres qui, telle l'Italie, ne sont pas encore sous la coupe d'un régime aussi clair[1]. Certes, la souveraineté des monarques n'est pas entièrement assurée et les frontières restent mal fixées. Il n'empêche que l'horizon politique est bien celui d'une *souveraineté* dans les limites d'un *territoire*, autrement dit l'idée d'une organisation de la vie en commun selon le double principe d'une communauté unifiée *géographiquement* par les limites d'un territoire et *politiquement* sous l'autorité d'un pouvoir suprême, ou de

1. Pour l'analyse par Machiavel de l'autorité du roi de France, voir « Portrait des choses de France », dans *Œuvres*, trad. fr. Ch. Bec, Paris, Robert Laffont, « Bouquins », 1996 (dorénavant *Œuvres*), p. 44-56.

dernier ressort, qui a *toute* légitimité au sein de ce territoire, mais *aucune* au dehors – bref, l'idée d'*État*.

Dans ce contexte s'affirme une nouvelle fonction, celle du serviteur de l'État, qu'il s'agisse d'ailleurs du prince (qui ne se confond pas avec l'État) ou de ceux qui sont sous son autorité. Et avec cette nouvelle fonction émerge une nouvelle vertu, le service de l'État. Or cette vertu fait problème, comme le montre, tout au cours du siècle, l'ampleur de la réflexion sur ce qu'on appellera de plus en plus la « raison d'État ». Ce service de l'État n'en vient-il pas à exiger « qu'on trahisse et qu'on mente et qu'on massacre », comme le note Montaigne dans son essai « De l'utile et de l'honnête »[2] ?

Or le même Montaigne, si rétif à s'engager dans de telles actions (« résignons cette commission à gens plus obéissants et plus souples », écrit-il[3]), n'en reconnaît pas moins que le service du « bien public » prime en droit sur toute autre exigence. La question importante n'est pas, dès lors, de savoir ce qui justifie cette primauté du service de l'État ; elle est plutôt de savoir dans quelle mesure les autres vertus, celles que le service de l'État invite souvent à violer, peuvent et même doivent conserver leur légitimité, peuvent et doivent continuer de conserver leur dénomination de « bien ». Car ce qui apparaît, c'est que cette vertu nouvelle venue risque fort de faire passer les vertus jusqu'alors tenues pour cardinales pour des marques de simple poltronnerie. Les grandes guerres européennes du XVIe siècle semblent ainsi encourager un mépris de « l'honnêteté », vertu simplement « privée » : c'est en tout cas ce que note Montaigne quelques décennies après que Machiavel, pour sa part dans le contexte des guerres d'Italie de la fin du XVe siècle et du début du XVIe, semble avoir consacré sous le nom de « *virtù* » les dispositions d'un César Borgia, grand maître de la parole donnée puis trahie.

D'où l'intérêt du parcours que nous proposons, et qui visera, de Machiavel à Montaigne, à préciser comment et selon quelles nuances importantes l'un et l'autre délimitent le champ du service de l'État. Comme nous le verrons, c'est principalement selon la distinction entre situation *ordinaire* et situation *extraordinaire* que Machiavel, dont on pourrait désigner la pensée comme philosophie morale des situations de crise, justifie qu'on s'excepte de règles ordinaires qu'il continue pourtant de considérer comme « le bien », et cela en vue de constituer l'ordre social où ce bien pourrait avoir cours. On est alors dans la formation de l'État, qui s'avère être, de manière éminente, la mission du *prince nouveau* dont *Le Prince* est la théorie.

Mais on rencontre alors ce problème : le travail destiné à constituer cet ordre n'est-il pas d'une certaine manière une tâche jamais terminée, la tâche constante de la politique, ce qui aurait pour conséquence de faire de ce régime moral prétendument d'exception un régime moral constant de plein droit, et donc en définitive d'oblitérer toute légitimité de ce qu'on continue pourtant d'appeler « le bien » ? C'est ainsi, nous le verrons, que Montaigne, en observateur de ce glissement, est amené à souligner l'existence d'un conflit entre les vertus et ainsi à rappeler avec quelle extrême circonspection il faut

2. Montaigne, *Les Essais* III, I, P. Villey puis V.-L. Saulnier (éd.), Paris, PUF, « Quadrige », 2004, p. 791.
3. *Ibid.*

modérer un esprit de service du bien public trop prompt à excuser la trahison de tous les petits devoirs qui font les liens concrets de la société humaine.

Machiavel : une apparence de pur opportunisme

Pour mieux comprendre l'enseignement de Machiavel, commençons par rappeler les grandes lignes de cet opportunisme auquel on le réduit souvent et que désigne, en vertu d'un contresens consacré par l'usage, le mot de « machiavélisme ». Nous verrons alors ce qui s'oppose à cette réduction, et comment articuler cette théorie apparemment opportuniste de l'action à une théorie morale plus vaste.

Cet opportunisme – ou ce « machiavélisme » – a deux aspects. Le premier est sa neutralité axiologique : il ignore non pas toute idée de bien, mais toute idée d'un bien en soi, d'un but dont la valeur intrinsèque serait telle qu'on aurait le devoir de le poursuivre, indépendamment de ses propres désirs et attentes. Il ne faut que réussir à atteindre son but, ce dernier étant indifférent. Et de fait, les conduites exemplaires qu'on rencontre sous la plume de Machiavel peuvent viser, indifféremment, la préservation de la liberté républicaine (comme dans le chapitre des *Discours sur la première décade de Tite-Live* sur le tyrannicide), la grandeur de l'Italie (c'est ce que Machiavel appelle personnellement de ses vœux à la fin du *Prince*, sans que cela semble servir de critère général d'éloge), et la domination (cas de César Borgia, il est difficile de le contester).

Le deuxième aspect de cet opportunisme ferait le fond de l'enseignement : c'est l'adaptation de l'action aux circonstances. Si une conduite est exemplaire, c'est dans la mesure où elle réussit à atteindre le but poursuivi : l'opportunisme est une morale de l'articulation adéquate du but, de l'action et de la situation. Non seulement le but est en soi indifférent, mais aussi un but étant posé, il ne s'ensuit pas que telle action sera nécessairement son moyen, puisque la pertinence de l'action dépend de la situation. Qu'on considère par exemple si le peuple sur lequel on veut asseoir sa domination était auparavant un peuple libre, ou un peuple habitué à obéir à un prince. Dans le premier cas, une grande violence ou une surveillance serrée sont de mise : le mot de « liberté » suffirait à enflammer les esprits. Dans le second cas, qu'on élimine surtout les prétendants au trône[4]. La réussite de l'opportuniste est une fonction de trois variables : un but, une action, la situation. Mais l'habitude de voir telle action réussir nous aveugle : on ne voit pas que les circonstances ont changé. L'obstacle principal à l'action se trouve en l'homme ; c'est son habitude d'agir d'une certaine façon ; c'est son manque de plasticité. D'où la grande leçon de l'avant-dernier chapitre du *Prince :* « si l'on changeait de nature avec le temps et les choses, la fortune ne changerait jamais »[5]. Qu'on n'incrimine pas la tournure des événements, la « fortune », car elle est le résultat conjoint des circonstances et de notre action : le fleuve en crue noie la ville *que nous n'avons pas protégée par des digues*. L'homme peut beaucoup plus qu'il ne

4. Sur ce point, voir *Le Prince*, chap. V, trad. fr. G. Luciani, Paris, Gallimard, « Folio bilingue », p. 81-85.
5. *Ibid.*, chap. XXV, p. 309.

croit ; mais il faut qu'il sache qu'il peut, et qu'il cesse de confondre l'habituel et le possible.

Mais si cet opportunisme était tout le sens de la pensée de Machiavel, on ne pourrait comprendre la manière dont il use, à plusieurs reprises, et dans des passages cruciaux, des notions de bien et de mal. Ces notions, en effet, il ne les manie pas de manière aussi flexible que l'opportunisme le réclame. Lorsqu'il aborde la question de savoir dans quelle mesure un prince doit observer les vertus qui sont habituellement considérées comme les siennes, il n'écrit pas qu'elles sont le bien dans certains cas, le mal dans d'autres ; elles restent le bien, et leurs opposés, le mal : « il est nécessaire à un prince, s'il veut se maintenir, d'apprendre à pouvoir ne pas être bon et d'en user ou non selon la nécessité »[6]. Être cruel, menteur, malhonnête, ce n'est pas tantôt bon, tantôt mauvais ; c'est le mal. Machiavel va plus loin encore, rejetant toute indifférence axiologique : le prince doit être disposé « à ne pas s'écarter du bien s'il le peut, mais à savoir entrer dans le mal, *s'il y est contraint* »[7]. Cette idée de contrainte doit être soulignée. S'il est admissible que le prince ne tienne pas sa parole, c'est à condition qu'il y soit contraint par les circonstances. La question se pose de savoir si cela a un sens. Mais il reste que Machiavel présente comme profondément indésirable ce que tout un chacun appelle le mal. Le début de la phrase ne va-t-il jusqu'à présenter cette répugnance pour le mal comme un devoir ? Il faut que le prince en reste au bien tant qu'il le peut. C'est donc aussi que la nécessité d'entrer dans le mal est à analyser comme un obstacle à la réalisation de ce qu'il veut, une marque d'impuissance. Mieux encore : quand il est nécessaire d'entrer dans le mal, on est détourné de son but, le bien ; c'est un détour – un détour malheureux – qui s'impose au prince.

L'humain, critère du bien : un arrière-plan humaniste

Mais faut-il prendre au sérieux ce que suggère cet usage des mots ? Ne s'agit-il pas d'un sacrifice verbal, d'une contorsion prudente ? Machiavel distingue entre le bien et le nécessaire, entre le mal et le nuisible (faire le bien serait, dans certaines circonstances, nuisible) ; mais après tout, dira-t-on, ses mots importent peu : la question est de savoir quelle conduite il recommande effectivement, en vertu de son intention de s'en tenir, comme il le dit, à « la vérité effective des choses », et non à un monde qui n'est qu'une imagination des philosophes[8]. Or ne recommande-t-il pas, dans telles circonstances, de ne pas tenir sa parole, de se conduire en bête plutôt qu'en homme, et cela en vue, pour un prince nouveau, d'asseoir son autorité, de « se donner des fondements », conformément à l'expression récurrente du *Prince ?* On pourrait aussi être tenté de dire que pour Machiavel, politique et morale font deux : il y a le bien et le mal, certes ; hélas, la politique ne peut s'y tenir. Mais cette analyse (très commune parmi les commentateurs) nie l'évidence : Machiavel

6. *Ibid.*, chap. XV, p. 199.
7. *Ibid.*, chap. XVIII, p. 227. C'est nous qui soulignons.
8. *Ibid.*, chap. XV, p. 197.

cherche à justifier la conduite qu'il décrit : il cherche à lever l'apparence d'une absence de justification morale.

Pour parvenir à comprendre la justification – paradoxale – de l'entrée dans le mal, intéressons-nous plutôt à la manière dont il détermine bien et mal. Le chapitre XVIII du *Prince* nous éclaire par une image fameuse, mais qui est sans doute plus qu'une image : « vous devez donc savoir qu'il y a deux façons de combattre : l'une avec les lois, l'autre avec la force. La première est propre à l'homme, la seconde aux bêtes [...] »[9]. Première chose à remarquer : la distinction entre les deux manières d'agir vaut pour une situation particulière, celle où il y a des ennemis à combattre. Nous allons y revenir : ce à quoi il est fait référence ici, c'est à la situation d'un prince *nouveau*, c'est-à-dire, plus généralement, la situation de fondation d'un État non encore installé. Mais surtout, le bien se définit par une façon humaine d'agir, et le mal par son opposé, la bestialité. Ce qu'il importe de souligner ici, c'est que Machiavel prend pour norme du bien notre commune humanité, notre essence d'hommes. Être humain n'est pas un simple fait sans conséquence. Machiavel l'admet en somme comme une évidence : la notion d'humanité renvoie à une essence productrice de normes, et constitue même le fondement de la valeur de l'action.

Cela ne doit pas nous surprendre. C'est après tout un lieu commun de toute la pensée humaniste. L'homme doit comprendre ses devoirs à la lumière de son essence ou nature d'homme, être de parole et de raison, qui s'accomplit socialement dans une relation spécifique, celle qui unit des êtres *parlants*. D'où l'importance donnée à l'amitié, lien social exemplaire qui se concrétise moins par les services rendus que par l'encouragement réciproque à la vertu grâce à la parole édifiante qui morigène l'ami fragile dans la vertu et le loue pour ses actions vertueuses, selon le modèle que les humanistes retrouvent dans l'*Éthique à Nicomaque* d'Aristote ou le *Lélius* de Cicéron. C'est par référence à cette idée du rapport d'homme à homme qu'on admire Érasme dans sa manière de traiter les conflits théologiques. C'est cet idéal qu'on rencontrera encore dans le *Discours de la servitude volontaire* d'Étienne de La Boétie, notamment à travers la différence radicale qu'il fait entre la complicité du tyran et de ses acolytes et l'amitié qui relie ceux qui agissent conformément à ce que la nature attend des hommes, à savoir qu'ils « [s'entrereconnaissent] tous pour compagnons ou plutôt pour frères », « sujets à la raison, et serfs de personne ». La nature, écrira-t-il, « nous a donné à tous ce grand présent de la voix et de la parole pour nous accointer et fraterniser davantage [...] »[10]. C'est encore cette idée de la société des hommes qui fait qu'on donne tant de prix à la thèse cicéronienne selon laquelle l'éloquence, par sa mission d'instruire en plaisant et émouvant (*docere, placere, movere*), est la capacité politique par excellence.

Aussi étonnant que cela paraisse, c'est bien cette conception conversationnelle de la société humaine qui constitue l'arrière-plan de la distinction machiavélienne entre le bien et le mal. C'est elle encore qui donne son sens à la distinction

9. *Ibid.*, chap. XVIII, p. 221.
10. Étienne de La Boétie, *Discours de la servitude volontaire*, Paris, GF-Flammarion, 2016, p. 118-119.

entre agir par les *lois* – des guides qui sont en leur nature même de la parole publique ! – et agir par la *force*, comme font les bêtes, qui ne disposent pas de cette faculté humaine de parole.

La distinction capitale : l'ordinaire et l'extraordinaire

Mais sur quoi nous fondons-nous pour affirmer que cette conception humaniste de la vie en commun reste pour Machiavel un but à poursuivre, et cela malgré ces détours auxquels les circonstances contraignent ? Pourquoi ne pas dire qu'il congédie plutôt cette conception, lorsqu'il écrit qu'« il n'est pas possible d'avoir et de conserver entièrement [les qualités qu'on dit devoir être celles d'un prince], à cause de la condition humaine qui ne le permet pas »[11] ? La réponse est dans la distinction entre l'*ordinaire* et l'*extraordinaire*, c'est-à-dire ce qui est conforme à l'ordre (une manière humaine d'agir, conforme à la parole donnée et à la loi), par opposition aux moyens « extraordinaires » d'agir (rompre avec l'ordre légal, trahir son engagement). C'est ici la distinction capitale d'une pensée qui se veut la théorie de l'action en situation de crise[12].

Parce que Machiavel fait porter toute l'attention sur les situations de crise, il peut donner le sentiment de nier qu'il existe une manière d'agir bonne en elle-même. Il est tant question de la nécessité de contourner le bien selon la coutume, que ce dernier semblerait presque constituer ce qu'il y a de moins recommandable. Par un curieux renversement on finit par projeter sur un auteur pourtant si sensible aux variations l'idée d'impératifs nouveaux, qui ne seraient que les négatifs des anciens. Or si les exemples retenus par Machiavel dans *Le Prince* sont en général des exemples de rupture avec la conception ordinaire du bien, c'est parce que cet ouvrage est entièrement consacré à la situation d'un prince *nouveau*, état d'exception par définition, puisqu'il s'agit d'instituer un règne durable, de mettre en place un ordre, un ordinaire, dans lequel ce qui est habituellement considéré comme vertu du prince pourra et devra de nouveau avoir cours. S'assurer des « fondements », premier devoir du prince, implique d'asseoir son autorité et donc de tromper les ennemis de cette autorité. Mais ce qui vaut pour la fondation cesse d'être légitime une fois que l'autorité du prince est enracinée, à la manière de celles des princes héréditaires. Ce n'est pas que le prince doive alors se priver d'agir contre le bien dans certaines situations de crise ; mais là encore, il s'agira de situations d'exception.

L'État, mission du prince nouveau

Il ne faut donc pas voir une simple précaution oratoire dans l'affirmation qu'il existe une manière humaine d'agir, à laquelle le prince devrait se conformer autant que possible, et dont il ne devrait se détacher que si elle devenait nuisible. Quant à l'étude des manières efficaces d'asseoir sa domination, elle a pour but de faire mieux comprendre ce que requiert la fondation d'un ordre humain. C'est ainsi que l'action de César Borgia est surtout exemplaire, selon le chapitre final du *Prince*, comme action qui aurait

11. *Le Prince*, *op. cit.*, chap. XV, p. 199.
12. Sur l'usage de moyens extraordinaires, qui est l'objet principal du *Prince*, voir en particulier *Discours sur la première décade de Tite-Live* (ci-après *Discours*), dans *Œuvres* I, XXXIV, p. 248-251, où il est particulièrement souligné combien ce recours à l'extraordinaire est contraire à l'esprit d'une république.

pu conduire l'Italie à la force dans l'indépendance, qui aurait pu instituer en Italie le principe de l'*État*[13].

Or ce faisant, le prince n'agit pas simplement pour lui-même, mais sert l'État, au sens où il cherche les manières d'instituer cette autorité qui garantit une vie humaine stable (celle que prône l'humanisme), où une action proprement humaine devient possible ; or cela implique d'écarter ceux qui s'y opposent, ceux qui constituent des forces hostiles, des forces de désordre, précisément par leur recherche de position dominante. Si Machiavel justifie des entorses aux règles morales habituellement reconnues, c'est toujours dans la mesure où de telles entorses lui semblent nécessaires pour contrer des facteurs de haine, d'avidité ou d'assujettissement. Ainsi, pour en revenir à la question cruciale de la parole donnée, la justification est la suivante : « un souverain prudent ne peut ni ne doit tenir sa parole lorsqu'une telle attitude tourne à son désavantage, et qu'ont disparu les motifs qui la lui ont fait donner. Si les hommes étaient tous bons, ce précepte ne serait pas bon, mais, comme ils sont méchants et qu'ils ne la tiendraient pas avec vous, vous non plus n'avez pas à la tenir avec eux »[14]. Le mal est un remède contre le mal, mais reste le mal, destiné à faire place nette au bien que constitue une vie commune où il cessera d'être nécessaire.

Comme le montre le chapitre XXVI, qui clôt *Le Prince*, Machiavel attend de la famille des Médicis qu'elle « libère l'Italie des barbares », autrement dit des puissances étrangères qui en ont fait leur champ de bataille. Nous retrouvons le même schéma qu'à propos de la parole donnée : ce qui justifie qu'on en passe par les manœuvres qui assoient une domination, c'est que cela permet d'écarter une autre domination. *Il existe une domination qui a pour but son contraire, la non-domination : c'est celle du prince qui institue un État.* Dans les *Discours sur la première décade de Tite-Live*, il traite de la différence entre régime monarchique et régime républicain d'une manière très particulière : il faut qu'un homme seul gouverne pour fonder un État, et qu'il puisse, dans ce but, recourir à tous les moyens qui y sont propres (le meurtre de Remus par Romulus est pris en exemple) ; car « on ne doit pas condamner, en effet, celui qui use de la violence pour restaurer les choses, mais celui qui en use pour détruire »[15]. Or voici comment le raisonnement se poursuit : cet homme doit, une fois l'État fondé, en transmettre le gouvernement non pas à un descendant qui ne chercherait qu'à satisfaire son ambition, mais plutôt au grand nombre qui, voyant les avantages de l'État mis en place, sera plus à même de le maintenir. *Le Prince* pourrait être lu comme le développement d'un chapitre des *Discours* dont Machiavel a ainsi défini le thème : « autant les fondateurs d'une république ou d'un royaume sont dignes d'éloges, autant sont méprisables les fondateurs d'une tyrannie »[16]. Le principat n'est pas envisagé de manière neutre. Il se justifie comme *le* type de gouvernement capable d'établir ou de rétablir la liberté républicaine. Si ce n'est pas le cas, il

13. *Le Prince, op. cit.*, chap. XXVI, p. 315. César Borgia est de toute évidence désigné par ces mots : « un certain homme » duquel se dégageait « une lueur qui a pu faire penser qu'il était ordonné de Dieu pour [la] rédemption [de l'Italie] ».
14. *Ibid.*, chap. XVIII, p. 223.
15. *Discours*, dans *Œuvres* I, IX, p. 208-209.
16. *Ibid.*, I, X, p. 210.

est un mal, c'est la « tyrannie ». On comprend par là l'importance que revêt dans *Le Prince* l'idée qu'il est toujours avantageux à un prince de s'associer au « peuple », qui ne cherche qu'à vivre tranquille, plutôt qu'aux « grands » qui cherchent à dominer le peuple : c'est elle qui donne sens au principat. La vraie dichotomie n'est pas celle qui oppose le régime monarchique au régime républicain, mais plutôt celle qui oppose une société oligarchique, où la violence est de principe, et une société qui rend la vie paisible et tranquille pour le plus grand nombre, qui rend la vie proprement *humaine* possible.

De Machiavel à Montaigne : comment délimiter l'extraordinaire ?

Ainsi, à la lumière de l'analyse machiavélienne, il est justifié que tout en reconnaissant certaines règles d'action comme méritant le nom de « bien », on s'en excepte cependant, à savoir lorsque suivre ces règles serait nuisible au bien ultime qu'elles sont censées produire ou maintenir, c'est-à-dire à une vie humaine dont les conditions sont telles que ces règles d'action méritant le nom de « bien » peuvent avoir cours. Nous avons là ce qu'on pourrait appeler une *éthique du détour,* principe de la « raison d'État », mais qui fait problème, et tout d'abord du fait de la difficulté de distinguer l'ordinaire de l'extraordinaire.

La pensée machiavélienne apporte en un sens un moyen de résoudre ce problème en avançant un critère simple : l'action extraordinaire (le mal) se justifie lorsqu'à un monde proprement humain s'opposent des forces à éliminer. Mais selon ce critère, toute situation ne peut-elle pas être en droit considérée comme extraordinaire? Ce pourrait être en effet le cas de toute situation constituant l'arrière-plan de l'activité politique : celle-ci portant potentiellement sur l'entièreté de la communauté, de la *polis* (d'où sa qualification de « politique »), ne sera-t-elle pas toujours susceptible de rencontrer des forces hostiles à éliminer par des moyens extraordinaires ? Ne retrouve-t-on pas là l'excuse de nombreuses guerres[17] ? C'est bien le problème de la « raison d'État » qui se profile ici : faire du droit de la guerre le fond du droit considéré comme ordinaire, l'extraordinaire se transformant en ce qu'on pourrait appeler « l'archi-ordinaire », ce qui sert de fondement à l'ordinaire, et en cela s'en distingue – et finalement s'en excepte constamment. En définitive, plus l'action aurait de portée, moins il se justifierait que les règles du « bien » soient suivies, ce qui conduirait à une singulière déflation du problème moral : une morale (un ensemble de normes déterminées du bien et du mal dans l'action) ne vaudrait pleinement que là où l'action a peu de portée (dans les relations dites privées, familiales, commerciales, etc.). Cela ne reviendrait-il pas à dire qu'une morale devient sans fonction là où en principe elle devrait jouer le plus fortement? Finalement, la distinction entre l'ordinaire et l'extraordinaire, dont était passible l'activité politique

17. Pour une analyse critique de la fréquente justification de la guerre comme violence disciplinée et destinée à éliminer la violence parasitant le bon ordre social, voir notre article « La guerre est-elle plus facile que la paix ? », *Le Philosophoire* 48, 2017, p. 59-79.

comme toute autre activité, tend à se confondre avec une distinction entre action non politique et action politique, entre action privée et action publique.

C'est très précisément la conception politique née de ce glissement que Montaigne affronte dans plusieurs de ses *Essais*, et tout particulièrement dans « De l'utile et de l'honnête », où il s'attaque aux « politiques » qui tendent à considérer que le mensonge, la trahison ou encore le massacre se justifient au nom du bien public. Se pose alors la question de savoir si l'action politique peut s'excepter de l'observation des règles ordinaires parce qu'elle a un caractère extraordinaire, ou si tout au contraire elle doit observer avec constance ces règles, et cela d'autant plus qu'elle a un caractère extraordinaire. On trouve ainsi chez Montaigne une reprise de ce problème de l'exception, et une analyse qui, sans nier la prééminence de « l'utilité publique », aboutit à une défense de la constance dans « l'honnêteté », et de manière plus générale dans les règles ordinairement reconnues comme celles d'un comportement proprement humain, et cela jusque dans la situation qui semblerait le mieux justifier l'exception à l'humanité, à savoir sur le champ de bataille.

Une apologie de la constance

Sur quelles bases Montaigne défend-il la constance dans ce qu'il appelle l'honnêteté, et fait-il la critique du recours à des moyens malhonnêtes en vertu d'un principe d'utilité ou de nécessité ? On peut relever chez lui deux argumentations, l'une qui porte sur la fonction propre de la constance dans l'honnêteté, tandis que l'autre met en évidence les impasses auxquelles conduit le raisonnement en termes d'utilité, celui de la raison purement instrumentale.

Sur le premier point, qui est sans doute le plus important, son analyse consiste à rappeler qu'observer des règles constantes ne se justifie pas seulement par un principe de constance des situations, autrement dit par ce principe selon lequel les mêmes causes produisent les mêmes effets. Cette justification de la constance serait, de fait, celle du raisonnement de type machiavélien : l'important, c'est d'atteindre par son action un certain effet ; dès lors, s'il fallait toujours observer les mêmes règles, ce serait seulement dans la mesure où les situations restent les mêmes. Mais la constance ne se justifie pas par la constance des situations, estime Montaigne qui rapporte sa propre pratique de négociateur en temps de guerre : « en ce peu que j'ai eu à négocier entre nos Princes, en ces divisions et subdivisions qui nous déchirent aujourd'hui, j'ai curieusement évité qu'ils se méprissent en moi et s'enferrassent en mon masque. [...] Ç'a été pourtant jusques à cette heure avec tel heur (car certes la fortune y a principale part) que peu ont passé de main à autre avec moins de soupçon, de faveur et de privauté »[18]. Ainsi, une parole franche est jusqu'en temps de guerre une pratique efficace, au moins tout aussi efficace que la parole calculée, contournée, mensongère, qu'on estime habituellement être la plus utile. Si Montaigne note complaisamment ici le rôle de « la fortune » dans ses propres succès, cela ne diminue en rien la portée de l'argument : les circonstances qui ont pu jouer cette fois en sa

18. *Essais* III, I, p. 791-792.

faveur peuvent se présenter dans tout contexte, si bien qu'à tout prendre mensonge et franchise sont logés à la même enseigne

Mais ce qui apparaît surtout, c'est cette idée que la parole franche et ouverte est en tout temps une nécessité. En fait, il existe une nécessité constante de la constance dans l'honnêteté. S'il faut être constant dans les règles d'usage de la parole, ce n'est certes pas simplement parce que les effets immédiats de la parole juste et ouverte sont toujours ceux qu'on en attend, mais plutôt parce que les hommes ont de manière générale, pour la réussite même de leurs entreprises, besoin de pouvoir se fier les uns aux autres. On peut aller plus loin : ce n'est pas simplement la constance dans l'honnêteté qui est souhaitable, mais la constance tout court. Les hommes agissent les uns en fonction des autres, c'est-à-dire en fonction de la manière dont ils pensent que les autres agissent, et ils ont besoin pour cela de savoir les autres constants d'une manière ou d'une autre. Face à celui qui observe des manières d'agir différentes selon les différentes circonstances, on ne sait plus, en effet, comment agir. C'est d'ailleurs pourquoi Montaigne note dans ce même essai que les serviteurs des princes qui se montrent disposés à la tromperie pour servir leur prince finissent par périr victimes de la méfiance de ces princes qu'ils ont servis ; car ceux-ci, connaissant leur disposition à tromper, perdent foi en eux. En un sens, la constance *tout court* et la constance *dans l'honnêteté* reviennent au même : être constant, c'est en effet se montrer toujours le même, demeurer fidèle à une manière d'être et d'agir, et ainsi ne pas porter de « masque », le masque étant précisément ce dont on change.

Ainsi émerge cette idée à première vue paradoxale, d'après laquelle *c'est précisément lorsque les circonstances changent qu'on a le plus besoin de constance.* D'où le caractère exemplaire selon lui d'Épaminondas sur le champ de bataille où s'affrontent Thébains et Lacédémoniens : « horrible de fer et de sang, il va fracassant et rompant une nation invincible [*sc.* Sparte] contre tout autre que contre lui seul, et gauchit [*i. e.* se détourne] au milieu d'une telle mêlée, au rencontre de son hôte et son ami »[19]. Le service de la patrie le cède soudain à l'amitié, c'est-à-dire au lien qui, par excellence, se mesure à la capacité de se montrer constant, puisqu'il se prouve par la disposition à continuer de servir, là où ce service devient désavantageux.

Un conflit entre constances

Pour autant, Montaigne ne nie pas, nous l'avons dit, qu'il existe une prééminence du bien public. Il admet qu'il y a des cas où le devoir envers le bien public doit surpasser le devoir envers l'ami ou quiconque envers qui existe un devoir. N'est-il pas très proche du raisonnement machiavélien lorsqu'il écrit qu'il peut y avoir lieu de « céder [aux exceptions à nos règles naturelles], mais avec une grande modération et circonspection : aucune utilité privée n'est digne pour laquelle nous fassions cet effort à notre conscience ; la publique, bien, lorsqu'elle est très apparente et très importante »[20] ?

19. *Ibid.*, p. 801.
20. *Ibid.*, p. 800.

Toutefois, il y a deux importantes différences à marquer. Tout d'abord, notons bien la réserve : il est capital, si l'on « cède » à ces exceptions, de le faire en pleine conscience de la violence à l'égard d'un devoir (« effort à notre conscience »). D'où, selon lui, le caractère exemplaire de Timoléon qui « se garantit à propos de l'étrangeté de son exploit [*sc.* d'avoir tué son frère Timophane, qui aspirait à la tyrannie à Corinthe] par les larmes qu'il rendit, se souvenant que c'était d'une main fraternelle qu'il avait tué le tyran »[21]. Si le devoir civique contredit le devoir fraternel, encore faut-il reconnaître qu'il existe et continue d'exister un tel devoir fraternel, qu'il y a violation de ce devoir, et non le considérer comme nul et non avenu du fait du devoir civique. La fidélité à l'égard des liens fraternels n'est pas simplement un devoir dans la plupart des cas, mais l'est toujours.

Ainsi apparaît la deuxième différence : s'il y a conflit de devoirs, c'est un conflit entre obligations constantes. Chez Montaigne, si la violence au nom du bien public peut être un devoir, ce n'est pas en tant que *changement* de la manière d'agir, mais au contraire en tant que le devoir envers le bien public est un devoir *constant :* c'est la fidélité due à la patrie, au prince ou à l'État, qui seule justifie qu'on se détourne d'un autre devoir (et encore : avec la conscience qu'on fait violence à un devoir, sur le plan duquel on reste inexcusable). Ceci, notons-le, donne sens à son conventionnalisme, qui lui fait juger ses devoirs envers le prince comme les effets d'un lien établi de longue date, et donc comme une manière de tenir sa parole. On remarquera ainsi que s'il existe au moins un principe qui ne peut jamais être violé, parce qu'il est au fondement de tous les devoirs, c'est le respect de sa propre parole. Mais de manière générale, trahir ne se justifie que comme une manière de ne pas trahir un engagement plus important. Et cette trahison de l'engagement de niveau inférieur, comme le suggère l'éloge des pleurs de Timoléon, doit continuer d'être appelée trahison. Double langage ? On devrait dire plutôt : mise en évidence de la gravité d'un problème. On pourrait noter aussi, en lien avec les bouleversements de configuration politique, que Montaigne maintient par là une exigence qui était au cœur de l'ordre féodal (un ordre fondé sur la fidélité à des engagements lointains, de lignage à lignage), là où Machiavel, par la justification de la trahison de la parole donnée, s'attaque (et est certainement conscient de s'attaquer) à ce qui est encore dans les esprits une pierre angulaire de l'édifice social (édifice social que transforme fortement le principe même de l'État).

Le principe d'utilité face à ses impasses

Mais Montaigne ne s'en tient pas à cette apologie de la constance. Il montre aussi la fragilité du principe d'utilité, et cela de trois façons. Le principe d'utilité est fragile, tout d'abord, par ce qui semble faire sa force, à savoir qu'« il n'y a rien d'inutile en nature », ce qui est tout de suite tourné en ridicule par ces mots : « non pas l'inutilité même »[22]. Toute action ne produit-elle pas un effet ? Quels que soient le processus naturel ou l'action humaine considérés,

21. *Ibid.*
22. *Ibid.*, p. 790.

ils peuvent toujours se targuer de produire un certain effet auquel on pourra trouver quelque vertu : « rien ne s'est ingéré en cet univers qui n'y tienne place opportune. Notre être est cimenté de qualités maladives ; l'ambition, la jalousie, l'envie, la vengeance, la superstition, le désespoir, logent en nous d'une si naturelle possession, que l'image s'en reconnaît aux bêtes ; voire et la cruauté, vice si dénaturé »[23]. Bref, invoquer le principe d'utilité pour justifier une action est un argument bien faible, dans la mesure où après tout, ce même principe pourrait servir à justifier n'importe quelle action. D'où l'intérêt encore de l'expérience que Montaigne rapporte de sa propre manière de négocier : on tend à penser que la finasserie est plus productive que la sincérité du fait que la négociation produit certains effets avantageux, sans considérer que la sincérité dans la même négociation pourrait produire des effets semblables. Finalement, la justification d'une tromperie par ses effets favorables au bien public pourrait n'être qu'une douteuse rationalisation *a posteriori :* « on ne doit pas appeler devoir (comme nous le faisons tous les jours) une aigreur et âpreté intestine, qui naît de l'intérêt et passion privée. Ils nomment zèle leur propension vers la malignité et violence : ce n'est pas la cause qui les échauffe, c'est leur intérêt : ils attisent la guerre non parce qu'elle est juste, mais parce qu'elle est guerre »[24].

Deuxième fragilité ou impasse du principe d'utilité : il est intrinsèquement dangereux pour celui qui y recourt. C'est ce que nous avons noté plus haut, et que Montaigne illustre à l'envi : on finit par perdre toute confiance en celui qui n'agit que selon ce principe. Le sujet prompt à trahir *pour* son maître pourrait bien trahir *son maître;* il devient le sujet dangereux, l'ami potentiellement infidèle, qu'on finit par écarter : « il se trouve assez de trahisons non seulement refusées, mais punies par ceux en faveur desquels elles étaient entreprises »[25], ces derniers ayant toutes raisons de penser que « qui est infidèle à soi-même, l'est excusablement à son maître »[26].

Il y a enfin une troisième fragilité du principe d'utilité, plus importante et plus radicale : la difficulté de s'assurer de la connaissance exacte des données de la situation, condition sans laquelle le choix de l'action utile perd sa signification. C'est d'ailleurs sur ce point que Montaigne remet le plus fortement en cause le raisonnement de type machiavélien, et cela d'autant plus qu'il donne pour exemple une erreur décisive de César Borgia, duc de Valentinois, l'homme que Machiavel présente dans *Le Prince* comme l'exemple même de l'homme qui sut adapter ses actions aux circonstances. Or Montaigne rapporte, comme illustration du fait que « la fortune se rencontre souvent au train de la raison », une anecdote savoureuse :

> Le Duc de Valentinois, ayant résolu d'empoisonner Adrian, Cardinal de Cornete, chez qui le pape Alexandre sixième, son père, et lui allaient souper au Vatican, envoya devant quelque bouteille de vin empoisonné, et commanda au sommelier qu'il la gardât bien soigneusement. Le Pape y étant arrivé avant

23. *Ibid.*, p. 790-791.
24. *Ibid.*, p. 793.
25. *Ibid.*, p. 797.
26. *Ibid.*, p. 794.

le fils et ayant demandé à boire, ce sommelier qui pensait ce vin ne lui avoir été recommandé que pour sa bonté, en servit au Pape ; et le Duc même, y arrivant sur le point de la collation, et se fiant qu'on n'aurait pas touché à sa bouteille, en prit à son tour ; en manière que le père en mourut soudain ; et le fils, après avoir été longuement tourmenté de maladie, fut réservé à une autre pire fortune[27].

César Borgia en arroseur arrosé : Montaigne fait en quelques mots litière de tout l'enseignement machiavélien selon lequel le succès vient à ceux qui savent s'adapter aux circonstances, et plus généralement que « si l'on changeait de nature avec le temps et les choses, la fortune ne changerait pas »[28]. Car si nous voyons bien ici le Duc saisir comme il se doit l'occasion, et donc ne pas se laisser simplement porter par la fortune, nous voyons aussi la limite de sa règle d'action, *qui est la limite de notre capacité de connaître l'enchaînement des événements dans ses modes les plus infimes.* Comme mode infime de l'enchaînement des événements, nous avons ici l'enchaînement des pensées d'un brave sommelier. Or c'est bien la connaissance de « la matière » que constitue la psychologie des hommes que doit connaître l'homme d'action, en politique, selon l'enseignement de Machiavel, qui place les « humeurs » des hommes au premier rang des circonstances à connaître. Et certes, on ne peut nier que Machiavel ait conscience de ces limites de notre capacité d'adaptation aux circonstances, puisque le récit même qu'il donne des œuvres de César Borgia dans le chapitre VII du *Prince* est après tout – on ne le souligne pas assez – le récit d'un échec : ses immenses capacités personnelles, autrement dit son exemplaire *virtù*, n'ont pas suffi à le mettre à l'abri de l'erreur ni des revers de fortune. Reste toutefois que si Machiavel ne manque pas de rappeler l'échec d'un César Borgia, c'est comme illustration des dangers immenses issus de circonstances bien particulières (avoir acquis le pouvoir par la grâce d'autrui), là où Montaigne met l'accent sur le fait que quelque chose échappe toujours nécessairement à la main du plus calculateur des hommes[29].

Deux lectures de Lucrèce

On pourrait d'ailleurs préciser le problème commun à Machiavel et à Montaigne de la manière suivante : comment agir, dans un cadre instable ? Dans quelle mesure faut-il épouser ce changement ? Dans quelle mesure est-ce en suivant cette instabilité du monde que l'on résiste aux effets potentiellement néfastes de l'instabilité elle-même ? Sur ce point, il est intéressant de remarquer à quel point l'influence de Lucrèce joue à la fois sur Machiavel et sur Montaigne, mais aussi de quelles manières profondément différentes

27. *Essais* I, XXXIV, « La fortune se rencontre souvent au train de la raison », p. 220.

28. *Le Prince*, chap. XXV, p. 309.

29. Concernant Machiavel, c'est une chose étonnante que de voir le chapitre VII, qui affirme à plusieurs reprises que César Borgia fit tout ce qu'il pouvait dans la situation qui était la sienne, s'achever avec la mention d'une erreur apparemment décisive de sa part : avoir permis l'élection du pape Jules II (second successeur de son père après le très bref pontificat d'Innocent III), alors qu'il aurait pu empêcher cette élection qui fut « cause de sa chute finale ». À moins d'y voir une contradiction, ou bien peut-être une ironie de Machiavel, voire une description des effets de la maladie du duc, il faut – nous semble-t-il – comprendre que la perfection de César Borgia restant d'ordre humain, elle n'exclut pas l'erreur. Cette erreur est lourde sans doute ; mais il ne semble pas qu'elle soit, pour Machiavel, une raison suffisante de mettre en cause l'exemplarité de César Borgia dans la situation qui était la sienne.

elle joue. On sait quel lecteur attentif de Lucrèce fut Machiavel, dont on a retrouvé une copie manuscrite intégrale du *De rerum natura*. Il en va de même pour Montaigne : Lucrèce est un des principaux auteurs cités dans les *Essais*[30]. On sait également combien, de manière générale, la lecture de Lucrèce fut importante en Europe depuis la redécouverte de l'œuvre par Le Pogge au début du XVe siècle[31]. Or la pensée que les contemporains découvrent est précisément que s'il existe des principes universels et constants de tout ce qui se produit dans l'univers, cela n'implique aucunement que les effets, c'est-à-dire les états de choses, soient eux-mêmes constants, bien au contraire. Les principes établis par Lucrèce dans les deux premiers livres de son poème sont justement destinés à montrer que l'état du monde n'est stable qu'en apparence. Si le monde présente le visage de la constance, celui-ci dissimule une instabilité qui a lieu au niveau des corpuscules ou atomes, mais que l'on ne perçoit pas, dont certains aspects de l'expérience (tel le fameux mouvement des brins de poussière dans un rayon de soleil) sont seulement les signes analogiques qu'on ne saisit d'ailleurs qu'une fois éclairé sur les principes.

Ainsi cette physique met en crise la conception d'un monde régi par un principe de fixité, dans lequel un modèle fixe d'action pourrait aisément être conçu. Quelles conséquences éthiques en tirer ? De quelle manière l'éthique telle qu'elle est habituellement conçue doit-elle être amendée ? C'est ici que nous pouvons comprendre Machiavel et Montaigne comme deux penseurs de l'éthique tirant des conséquences différentes d'un point de départ pourtant identique. Pour le comprendre, revenons à la manière dont l'idée d'instabilité est exprimée par l'un et par l'autre. Chez Machiavel, elle l'est par la reprise de l'idée classique, d'aspect mythologique, des renversements de la fortune. Ce qu'il retient essentiellement, ce sont les changements brutaux et frappants, comme l'indique l'analogie avec la crue des fleuves, dans le chapitre XXV du *Prince*. Chez Montaigne, la représentation est différente. Ce dernier, en effet, met davantage l'accent, sans doute de manière plus fidèle à la physique lucrétienne, sur les tout petits changements qui demeurent imperceptibles à l'homme. D'où l'image fameuse : « le monde n'est qu'une branloire pérenne. Toutes choses y branlent sans cesse : la terre, les rochers du Caucase, les pyramides d'Égypte, et du branle public et du leur »[32]. Et si Montaigne écrit également que « la constance même n'est autre chose qu'un branle plus languissant », il ne faut pas y voir un désaveu de la constance au point de vue éthique. Il s'agit au contraire de renforcer l'idée d'une inconstance microscopique du monde (naturel ou humain) qui, comme on l'a vu, fragilise l'idée d'un droit ou même d'un devoir d'inconstance éthique. De même (c'est l'objet principal de l'essai « Du repentir »), on ne doit pas voir dans le constat d'un changement constant du « moi » une justification de la vanité de tout effort de se fixer des voies fermes, mais plutôt une reconnaissance des résistances de ce « moi » à cet objectif.

30. Voir C.-A. Fusil, « Montaigne et Lucrèce », *Revue du seizième siècle* 13, 1926, p. 265, pour un décompte des citations de Lucrèce dans les *Essais*.

31. Sur l'importance de la réception de Lucrèce à la Renaissance, voir S. Greenblatt, *Quattrocento*, Flammarion, « Champs », 2013, *passim*. Sur le manuscrit de la main de Machiavel, voir p. 267 et p. 358, n. 2.

32. *Essais* III, II, « Du repentir », p. 804-805.

On comprend à partir de là qu'il puisse y avoir une considérable différence d'approche de la question morale. Aux changements brutaux, on peut se préparer, et on les voit quand ils se produisent. On peut dès lors aisément concevoir une adaptation aux circonstances, car le changement de circonstances, on le voit à l'œil nu, on peut le suivre. Or si les changements ont lieu essentiellement au niveau du tout petit détail, comme le retient Montaigne, les choses sont assez différentes : c'est alors en effet qu'il devient présomptueux de prétendre s'adapter aux circonstances. La différence d'appréciation des actions de César Borgia selon Machiavel et selon Montaigne s'explique par là : le duc ne pouvait s'adapter aux circonstances que dès qu'il les percevait, mais il pouvait aisément être trompé par celles qu'il ne percevait pas ou ne maîtrisait pas, telle la pensée du sommelier romain. C'est pourquoi si Montaigne pense la nature selon la physique lucrétienne, il ne rompt pas pour autant avec l'idée de règles constantes, celles qu'on trouve par exemple enseignées dans les traités éthico-politiques de Cicéron, le *De republica* ou le *De legibus*, pourtant fondés sur une conception toute autre de la nature.

Conclusions

On pourrait être frappé, en définitive, par la concordance de Machiavel et de Montaigne sur la question de fond, puisqu'une lecture attentive de Machiavel nous montre que lui aussi se refuse à identifier l'utile et le bien. En outre, Montaigne reconnaît effectivement, de son côté, une légitimité de la trahison pour le bien public. Ce ne serait donc qu'une question de nuance, Montaigne mettant l'accent sur une différence dont Machiavel, occupé d'autre chose, ne ferait état qu'en passant.

Cette insistance de Montaigne est toutefois de grande portée. Dénoncer la tendance à considérer le service de l'État comme une vertu sans commune mesure avec les autres, souligner l'importance de reconnaître comme un mal la violation des autres engagements ou devoirs, c'est mettre l'accent sur le besoin d'une stabilité des règles, et par là opposer à un État trop prompt à s'excepter des règles communes l'idée de règles au moins coutumières qui sont comme un langage commun et le ciment des liens sociaux. En cela, Montaigne inaugure bien une tradition qui fait primer la coutume sur la raison d'État (ce qu'on retrouvera chez Pascal par exemple). Bien sûr, un tel conventionnalisme peut conduire à sanctuariser l'ordre social hérité, là où Machiavel, de son côté, a pu inspirer une politique moins timide (on songe à la lecture de Machiavel par Gramsci[33]). Mais face à la tendance émergente de l'État à se penser comme ce qui informe la matière passive que serait le commun des hommes, toutes ces réserves de Montaigne sont aussi une manière de souligner que la responsabilité vis-à-vis d'autrui joue aussi et d'abord dans le lien de chacun à chacun : le bien public, on ne le sert pas seulement en servant l'État.

Soulignons enfin l'importance des effets du politique sur les problèmes de philosophie morale : ne voit-on pas ici dans quelle mesure la question de

33. Voir « Notes rapides sur la politique de Machiavel », dans A. Gramsci, *Textes*, A. Tosel (éd.), Paris, Éditions sociales, 1983.

savoir s'il existe des règles universelles du bien, ou si au contraire, nulle action n'étant intrinsèquement bonne ou mauvaise, c'est par les effets qu'il faut juger, trouve racine dans un contexte bien particulier, celui de l'installation de l'État, c'est-à-dire aussi de la guerre entre ces États occupés à tracer leur territoire ? Cette origine politique (parmi d'autres, bien certainement) du devenir de la philosophie morale nous rappelle aussi que loin qu'il faille penser la politique comme s'exceptant par nature de la morale (on le fait dire à tort à Machiavel), c'est peut-être au contraire pour l'activité politique, c'est-à-dire l'activité qui a la plus grande portée, que la philosophie morale trouve avant tout sa raison d'être.

Vincent RENAULT
Professeur en CPGE, Lycée Chaptal, Saint-Brieuc

ÉMILE BOREL (1908) : LE CALCUL DES PROBABILITÉS ET LA MENTALITÉ INDIVIDUALISTE[1]

Alain Bernard

Nous présentons et commentons un article publié en 1908 par le mathématicien Émile Borel, dans la *Revue du Mois* dont il était rédacteur en chef. En prenant comme référence un article publié par George Palante la même année, Borel prend comme objet central la question de l'acceptabilité individuelle et sociale du calcul des probabilités, ainsi que la nécessité d'en faire un objet de connaissance commune. Cette argumentation est rédigée à une époque où les bouleversements induits par l'impact des probabilités sur notre perception du monde ne sont encore que peu connus. Elle doit se comprendre sur le fond des débats contemporains autour des notions de solidarité et d'individualisme.

Cet article a été publié en décembre 1908 par Émile Borel (1871-1956), dans la *Revue du Mois*, une revue mensuelle fondée deux ans auparavant et dont il était le directeur de rédaction. Borel est un mathématicien aussi précoce que brillant. Normalien, il fait une carrière fulgurante d'abord dans le monde académique puis dans le monde politique, en raison notamment de sa proximité avec Paul Painlevé. Secrétaire général de la présidence du conseil dans le premier gouvernement Painlevé (septembre-novembre 1917), député de l'Aveyron (1924), maire de Saint-Affrique (1929), il s'engage politiquement pour la coopération européenne et pour le financement de la recherche. Sous-directeur de l'École Normale Supérieure (ENS) dès 1910, il fonde l'Institut Statistique de l'Université de Paris (ISUP, 1922) puis l'Institut Poincaré (1928).

1. Cet article (présentation et commentaire) a pu être rédigé dans le cadre d'un projet de recherche soutenu par la mission recherche de l'ESPE de l'académie de Créteil, « Les lois du hasard : enjeux mathématiques, historiques et citoyens ». Ce projet associe le Centre Koyré (UMS 8560), le laboratoire HiSPOSS (université Paris 8), l'IREM de Paris Nord et le LAGA (université Paris 13). La présentation et le commentaire sont également disponibles en ligne sur le carnet de recherche du projet : https : //mathistcit.hypotheses.org/.

Borel est par ailleurs un conférencier, un éditeur et un auteur très actif, depuis les domaines spécialisés en analyse et en probabilités dont il est un spécialiste reconnu, jusqu'à des articles et ouvrages de haute vulgarisation et de réflexions épistémologiques (*Le Hasard*, 1914; *L'Espace et le Temps*, 1922). Il entretient en outre un dialogue soutenu avec plusieurs de ses contemporains, philosophes, écrivains ou scientifiques : citons parmi les plus célèbres Henri Bergson, Alfred Binet, Felix Le Dantec, Jean Perrin, Paul Langevin, Marie Curie, Albert Einstein, Vito Volterra, Paul Valéry, Henri Poincaré. Ses relations, ses activités et ses engagements, même si ces derniers restent discrets, l'inscrivent clairement dans un milieu républicain et dreyfusard, ainsi que dans une mouvance radicale ou radicale socialiste. Michel Pinault (2017) en fait une figure d'intellectuel républicain, à côté d'autres profils semblables au sien, comme celui de Jean Perrin[2].

Son intérêt pour la théorie des probabilités est très précoce[3]. D'un point de vue philosophique, le calcul des probabilités est un des terrains permettant à Borel de développer une épistémologie originale. Dès la veille de la première guerre mondiale, sa première synthèse sur la question (*Le Hasard*) lui permet de constater que la « science du hasard » a pris une importance universelle : elle nous oblige en particulier à reconsidérer la « valeur pratique » du calcul, c›est-à-dire son importance pour les prises de décision quotidiennes de tout un chacun, ainsi que pour la conscience sociale des individus.

Le papier de 1908 que nous reproduisons ici prend comme objet central la question de l'acceptabilité individuelle et sociale du calcul, ainsi que la nécessité d'en faire un objet de connaissance commune et donc – si possible – d'enseignement. Cette argumentation est rédigée à une époque où les bouleversements conceptuels induits par l'impact des probabilités sur notre perception du monde ne sont encore connus que d'une petite élite de scientifiques spécialisés, et où il n'existe pas encore d'enseignement des statistiques et probabilités autrement que comme matière ancillaire à des cours spécialisés de physique.

Le texte original est facilement accessible dans de nombreuses bibliothèques universitaires, mais non sur Gallica[4]. Nous reproduisons ici le texte principal et certaines des notes de Borel (introduites par [NdB]). Nous avons ajouté quelques brèves notes explicatives pour identifier les auteurs mentionnés ainsi que les ellipses du texte, et nous signalons la pagination originale en indice sous la forme |651|. La numérotation en cinq parties est de notre responsabilité et sert de point de repère pour le commentaire plus approfondi qui suit le texte.

Alain Bernard

2. M. Pinault, *Émile Borel : une carrière intellectuelle sous la IIIe République*, Paris, L'Harmattan, 2017.
3. A. Durand, L. Mazliak, « Revisiting the Sources of Borel's Interest in Probability : Continued Fractions, Social Involvement, Volterra's Prolusione », *Centaurus* 53, 4, 2011, p. 306-32.
4. É. Borel, « Le calcul des probabilités et la mentalité individualiste », *Revue du mois* 6, 1908, p. 641-660. L'article a été repris par Borel lui-même, avec quelques changements, dans *Le Hasard* publié par Borel en 1914, Paris, Félix Alcan, §90 à 95, p. 233-245.

Le calcul des probabilités et la mentalité individualiste

[1] Le Calcul des probabilités a été créé et perfectionné par des hommes qui furent à la fois des savants illustres et des penseurs universellement admirés : qu'il suffise de citer les noms de Pascal, Buffon, d'Alembert, Condorcet, Euler, Laplace, parmi les plus célèbres; il est singulier de constater que, malgré l'autorité qui s'attache à de tels noms, on rencontre à chaque instant, chez les personnes incapables d'approfondir les théories mathématiques, des doutes ou même des négations sans l'ombre d'une preuve au sujet des résultats les plus solidement établis. C'est là un phénomène des plus curieux, car il contraste singulièrement avec la foi aveugle et parfois excessive que le public accorde généralement aux affirmations des « savants ».

Je ne crois pas qu'il faille en chercher la raison dans le « scepticisme transcendantal »[5] auquel se sont parfois laissés aller quelques-uns des penseurs les plus éminents qui ont écrit sur le calcul des probabilités – je fais particulièrement allusion à Joseph Bertrand[6] et surtout à M. Henri Poincaré[7]. Lorsque celui-ci discute les fondements de la connaissance, il est porté à contester également la *valeur absolue* des opinions classiques sur le mouvement de la terre et sur les lois du hasard; mais c'est là une opinion métaphysique sans plus de valeur pratique que la négation philosophique de l'existence du monde sensible – la comparaison est de M. Poincaré lui-même. C'est seulement en les comprenant mal qu'on a pu croire que J. Bertrand ou M. Poincaré ne regardent pas les résultats du calcul des probabilités comme des vérités scientifiques aussi certaines que toute vérité scientifique. Mais ce n'est pas parmi leurs lecteurs |642| que se trouvent les sceptiques – ou plutôt les négateurs – dont je voulais parler; ceux-ci n'ont pas généralement la culture mathématique nécessaire pour lire de tels ouvrages; ce n'est pas leur raison, c'est leur sensibilité qui est choquée par les conclusions du calcul des probabilités, ou du moins par la manière dont ils les comprennent et les interprètent.

Nous sommes donc conduits à nous demander ce qui, dans le calcul des probabilités, heurte à tel point la sensibilité de beaucoup d'hommes que ceux-là seulement l'acceptent pour vrai, dont la raison est assez forte pour suivre dans tous leurs détails les déductions logiques; pour les autres, l'argument d'autorité, si puissant lorsque leur sensibilité est indifférente et impartiale, ne suffit pas à vaincre leurs répugnances.

En essayant d'approfondir les raisons pour lesquelles le calcul des probabilités est antipathique à beaucoup d'esprits, j'espère arriver à faire voir que cette antipathie repose en grande partie sur un malentendu : il serait désirable que ce malentendu soit dissipé, car la vulgarisation des conclusions, sinon des méthodes, de cette branche de la science, serait d'une grande utilité sociale.

5. L'article de 1908 porte « transcendental » – mais la faute d'orthographe a été corrigée, comme nous le faisons ici, dans sa reproduction en 1914.

6. L'auteur d'un traité du calcul des probabilités (1888) qui faisait référence à l'époque. Voir commentaire.

7. Le célèbre savant et philosophe français est une référence incontournable aussi bien pour Borel que pour les lecteurs de sa revue.

[2] Chacun de nous tient particulièrement à tout ce qui constitue son individualité et participe ainsi plus ou moins à cette *sensibilité individualiste* que l'on a parfois signalée comme l'apanage de quelques esprits d'élite[8].

> Le trait dominant de la sensibilité individualiste est en effet celui-ci ; le sentiment de la « différence » humaine, de l'unicité des personnes. L'individualiste aime cette « différence » non seulement en soi, mais chez autrui. Il est porté à la reconnaître, à en tenir compte et à s'y complaire. Cela suppose une intelligence fine et nuancée. Pascal a dit : « À mesure qu'on a plus d'esprit, on trouve qu'il y a plus d'hommes originaux. Les gens du commun ne trouvent pas de différence entre les hommes ». La sensibilité sociale ou grégaire se complaît dans la banalité des traits ; elle aime qu'on soit « comme tout le monde ». La sensibilité chrétienne, humanitaire, solidariste et démocratique voudrait effacer les distinctions entre les moi. Amiel y voit avec raison l'indice d'une intellectualité grossière. « Si, comme dit Pascal, à mesure qu'on est plus développé, on trouve plus de différence entre les hommes, on ne peut dire que l'instinct |643| démocratique développe beaucoup l'esprit, puisqu'il fait croire à l'égalité des mérites en vertu de la similitude des prétentions »[9]. Le chrétien dit : « Faites à autrui ce que vous voudriez qu'il vous fît ». À quoi un dramaturge moraliste, B. Shaw, réplique avec esprit[10] : « Ne faites pas à autrui ce que vous voudriez qu'il vous fît ; vous n'avez peut-être pas les mêmes goûts »[11].

Ce besoin d'« unicité » ne se manifeste pas d'ailleurs seulement chez quelques rares individus privilégiés ; il existe chez presque tous les hommes, prenant parfois des formes naïves et un peu ridicules, dont l'une des plus curieuses est l'importance attachée au nom patronymique. Sans parler de la forme grossière qui, suivant les classes sociales, évolue des « graffitti »[12] aux « échos mondains » ; ni de la mauvaise humeur bizarre que provoque chez certaines personnes une minime erreur d'orthographe dans une adresse de lettre, bien des gens regardent comme une grave injure personnelle le fait qu'une personne qu'ils connaissent à peine ne se rappelle pas immédiatement leur nom ; toute défaillance de mémoire est permise, hors celle-là. Ces diverses formes de susceptibilité sont d'ailleurs particulièrement répandues chez les esprits les plus médiocres, avant le moins d'individualité : il est, somme toute, assez naturel qu'ils cherchent à accroître par tous les moyens leur inconsistante personnalité.

Comme conséquence, l'homme n'aime pas, en général, perdre son nom et être désigné par un numéro ; ni même être compté seulement comme une unité dans un groupe sans être individuellement désigné. C'est déjà là une raison pour

8. Ici commence une citation d'un article du philosophe George Palante, publié le 16 juin de la même année dans le Mercure de France.

9. Citation extraite du journal intime d'Amiel, à la date du 17 janvier 1865, vraisemblablement tirée de l'édition française parue en 1889 : H.-F. Amiel, *Fragments d'un Journal Intime. Précédés d'une étude de Edmond Scherer*, 5e éd. revue et augmentée, Genève, H. Georg, 1887, p. 204.

10. La citation est extraite d'une pièce publiée en anglais par G. B. Shaw, *Man and superman, a Comedy and a Philosophy*, London, Constable, 1903, p. 227.

11. [NdB] G. Palante, *Mercure de France* du 16 juin 1908[, p. 580] ; les caractères de la sensibilité individualiste sont définis dans son étude avec beaucoup de finesse ; mais plusieurs de ces caractères sont, quoique paraisse en penser l'auteur, communs à presque tous les hommes ; c'est une question de degré.

12. *Sic*, l'orthographe est celle de Borel.

que la statistique ne soit pas populaire et pour que les plaisanteries faciles que l'on peut faire à son sujet soient généralement bien accueillies; l'une des plus classiques consiste à énoncer gravement que telle voiture publique transporte journellement 245 voyageurs et 47 centièmes de voyageur; l'élément comique résulte précisément de ce que l'on pousse jusqu'à l'absurde l'assimilation de l'individu avec une simple unité arithmétique abstraite.

Voilà donc un premier élément de suspicion contre le calcul |644| des probabilités dans tous les cas fort nombreux où il se base sur le dénombrement d'individus humains; mais ce n'est point le seul, ni le plus important.

Le calcul des probabilités ne se confond pas en effet avec la statistique, à laquelle s'applique aussi tout ce qui précède; non content de recenser les événements passés, il prétend prévoir dans une certaine mesure les événements futurs : c'est en cela qu'il est une science. Cette prétention heurte tout d'abord le sentiment psychologique de la liberté humaine (dont la valeur métaphysique n'est pas ici en question); l'on affirme que, s'il ne se produit pas d'événements exceptionnels, tels que guerre, tremblement de terre, etc., il y aura sûrement plus de 1 000 mariages en France la semaine prochaine : ne dépend-il pas des fiancés de démentir la prédiction en ajournant d'une semaine la célébration de leur union[13]? L'objection ne supporte pas l'examen, mais elle est souvent admise implicitement sans examen.

[3] Il est enfin des cas où les prévisions du calcul concernent des phénomènes indépendants de la volonté de l'homme, mais qui le touchent de trop près pour qu'il puisse les considérer froidement, aux seules lumières de la raison. Je ne parlerai pas des superstitions et des folies auxquelles la passion du jeu conduit les esprits les mieux équilibrés; mais je voudrais dire quelques mots de l'application du calcul aux probabilités concernant la vie humaine. Il est peu de sciences dont la valeur objective soit moins contestable; les compagnies d'assurances sur la vie, du moins celles dont la gestion est sérieuse et conforme aux règles |645| scientifiques, encaissent des bénéfices et distribuent des dividendes dont la réalité tangible ne redoute aucun scepticisme. Mais, si l'on ne peut contester ces résultats généraux, certaines affirmations particulières, souvent mal comprises, se heurtent à l'appréhension superstitieuse ressentie par beaucoup d'hommes dès que, même très indirectement, il peut être question de leur propre mort. Cet « individualisme biologique » est très répandu et a des manifestations très diverses, dont la plus souvent signalée est un certain besoin puéril d'affirmer l'excellence de sa propre santé, la « solidité de son coffre ». Chacun jugera volontiers les prévisions du calcul fort raisonnables, à condition qu'on les

13. [NdB] Il semble que Joseph Bertrand ait pensé, sans toutefois jamais le dire expressément, que la clause « s'il ne se produit pas d'événement exceptionnel » enlève toute valeur aux prédictions basées sur le calcul des probabilités. Cette clause a pourtant un sens très clair et intervient dans tous les phénomènes scientifiquement observables : l'astronome verra passer telle étoile à telle heure au méridien, si sa lunette et son horloge fonctionnent bien. Particulièrement dans les événements où intervient la liberté humaine, il est sans intérêt de constater qu'un motif exceptionnel peut causer des perturbations; par exemple une épidémie provoque un exode exceptionnel de voyageurs : chacun a alors conscience que sa décision a été influencée par ce motif; ce qui est intéressant, c'est de constater la régularité des résultats lorsque les mobiles sont variés suivant les individus.

applique à une population dont il ne fait pas partie, aux Chinois ou aux nègres s'il est de race blanche; mais il n'aime point qu'on assigne la durée de sa vie moyenne ou probable, distinguant d'ailleurs mal le sens de ces expressions[14].

Il est, en ces questions, une autre source de paradoxe, qui apparaîtra clairement dans un exemple fourni par Joseph Bertrand[15].

> Dans un problème plus célèbre et plus grave[16], la vie humaine servait d'enjeu. L'inoculation, avant la vaccine, était, contre la variole, le meilleur parti qu'on pût prendre; mais 1 inoculé sur 200 mourait des suites de l'opération. Quelques-uns hésitaient; Daniel Bernoulli, géomètre impassible, calculait doctement la vie moyenne, la trouvait accrue de trois ans et déclarait par syllogisme l'inoculation bienfaisante. D'Alembert, toujours hostile à la théorie du jeu, |646| qu'il n'a jamais comprise, repoussait avec grande raison cette fois l'application qu'on en voulait faire : « Je suppose, dit-il, que la vie moyenne d'un homme de trente ans soit trente autres années et qu'il puisse raisonnablement espérer de vivre encore trente ans en s'abandonnant à la nature et en ne se faisant pas inoculer. Je suppose ensuite qu'en se soumettant à l'opération la vie moyenne soit de trente-quatre ans. Ne semble-t-il pas que, pour apprécier l'avantage de l'inoculation, il ne suffit pas de comparer la vie moyenne de trente-quatre ans à la vie moyenne de trente, mais le risque de 1 sur 200 auquel on s'expose, de mourir dans un mois, par l'inoculation, à l'avantage éloigné de vivre quatre ans de plus au bout de soixante ans? ».
> On argumente mal pour vider de telles questions : supposons que l'on puisse, par une opération, accroître la vie moyenne, non plus de quatre, mais de quarante ans, à la condition qu'une mort immédiate menacera le quart des opérés : un quart des vies sacrifiées pour doubler les trois autres, le bénéfice est grand. Qui voudra le recueillir? Quel médecin fera l'opération? Qui se chargera, en y invitant 4 000 habitants robustes et bien portants d'une même commune, de commander pour le lendemain 1 000 cercueils? Quel directeur de collège oserait annoncer à 50 mères, qu'empressé à accroître la vie moyenne de ses 200 élèves, il a joué pour eux ce jeu avantageux et que leurs fils sont les perdants? Les parents les plus sages acceptaient une chance sur 200; aucun, sur la foi d'aucun calcul, ne s'exposerait à 1 chance sur 4.

Le paradoxe est clairement exposé, mais ni d'Alembert, ni Bertrand ne mettent en évidence la raison profonde pour laquelle « on argumente mal » en de telles questions. Cette raison me paraît être la suivante : l'incertitude de la date de sa mort est une condition essentielle de la vie de l'homme; il est aussi absurde de renoncer actuellement à cette donnée que de supposer des incursions sur les planètes voisines. Si, dans l'avenir, les progrès de la science permettaient d'assigner la date exacte de la mort de chacun, la mentalité de l'humanité en serait modifiée au point que nous ne pouvons prévoir quelle serait son attitude en face des problèmes que pose Bertrand. Et, cependant, cette hypothèse est nécessaire pour que ces problèmes puissent être réellement posés d'une manière concrète : sinon, ce ne sont que des spéculations vides

14. Une note de Borel explicite la différence des deux, qui est la même d'un point de vue calculatoire, que la différence entre médiane (durée probable) et moyenne (durée moyenne).
15. [NdB] [J. Bertrand,] *Calcul des Probabilités*, [Paris, Gauthier-Villars, 1889,] p. XII.
16. Dans ce qui précède (p. IX-XII), Bertrand a discuté du problème dit de Saint Pétersbourg, auquel s'attache un paradoxe célèbre.

de sens. Le jour où l'on pourrait dire à un homme de trente ans : « Vous êtes scientifiquement assuré de vivre jusqu'à soixante ans, mais |647| pas davantage ; telle opération prolongera *sûrement* votre vie jusqu'à quatre-vingts ans, mais vous risquez une mort immédiate, qui se produit une fois sur dix », et où la confiance dans une science éprouvée ne laisserait aucun doute sur la vérité de ces affirmations, ce jour-là on pourrait se demander quelle réponse doit faire cet homme. Mais, pour nous qui vivons actuellement, de telles affirmations seraient sans fondement ; nous savons très bien qu'on ne peut nous assurer l'avenir et cette incertitude même est nécessaire pour que nous goûtions la vie.

On pourra répondre que le calcul des probabilités ne saurait promettre une certitude, mais peut garantir, dans certains cas, une moyenne ; n'est-ce pas un résultat positif que d'augmenter cette moyenne ? Sans doute, mais alors il ne faudrait pas raisonner comme si la vie réelle devait être toujours exactement égale à cette moyenne ; la répartition autour de la moyenne n'est nullement indifférente, et c'est ce qu'oublient d'Alembert et Bertrand. Étudions de plus près un de leurs exemples.

Bertrand considère 100 individus, dont chacun doit vivre quarante ans et propose d'en sacrifier immédiatement 25 pour prolonger pendant quatre-vingts ans la vie des 75 autres ; il n'a pas de peine à montrer que cette proposition est inacceptable. Il n'en serait pas forcément de même si l'on admettait, comme on doit le faire, que chacun ne vit pas précisément la vie moyenne. Supposons 100 individus atteints d'une maladie grave, dont on doit supposer que 50 mourront dans un très bref délai ; les 50 autres vivront *en moyenne* quarante ans ; la durée moyenne de la vie, *pour les 100 individus*, est donc vingt ans environ ; si, par telle opération ou tel traitement, on en sauve 75 dont la vie moyenne sera encore quarante ans, les 25 autres succombant à l'opération, la durée moyenne de la vie, *pour les 100 individus*, deviendra trente ans ; ici, il n'est pas douteux que l'augmentation de la vie moyenne ne soit avantageuse, et un médecin bien renseigné conseillera le traitement qui sur 4 malades en sauve 3 au lieu de 2 seulement.

Supposons, au contraire, que par une opération sur les nouveau-nés, on évite telle maladie de la vieillesse et qu'on prolonge ainsi de quelques années la vie moyenne de ceux qui dépasseront soixante ans ; même si le calcul prouve que la durée moyenne de la vie est ainsi augmentée pour l'ensemble |648| des individus, aucune mère ne soumettra son enfant à l'opération, si celle-ci est mortelle seulement 1 fois sur 100. Tout cela ne prouve qu'une chose : c'est que, pour interpréter les résultats d'un calcul, on n'est pas dispensé d'avoir du bon sens.

[4] Mais le bon sens, non plus que le calcul, n'assure contre le malheur, et ce sera toujours une maigre consolation pour un individu de penser que la probabilité du malheur était faible, si c'est lui qui le subit. Celui qui meurt de faim s'intéresse peu à l'augmentation de la fortune moyenne : on ne doit pas chercher dans la statistique ni dans le calcul des arguments pour consoler ceux qui souffrent des inégalités sociales ; mais cette constatation ne

diminue en rien la valeur propre des statistiques ni des calculs par lesquels on les interprète.

C'est seulement, en effet, à un point de vue particulier que le statisticien ou le mathématicien étudient les phénomènes sociaux ; cette étude a une portée limitée, mais elle constitue une science exacte lorsque l'on ne prétend pas l'étendre au-delà de ses limites naturelles. On ne doit y chercher ni arguments moraux, ni raisons immédiates d'agir : mais seulement, comme dans les sciences physiques, un moyen de bien connaître les événements passés et de prévoir avec une certaine approximation les événements futurs. Lorsque l'on prédit que plus de cent mille parisiens prendront demain le « métro », on n'oblige aucun d'eux à choisir ce moyen de transport ; on énonce simplement un fait que l'expérience confirme. De même, si l'on prédit que, telle municipalité annonçant l'entreprise de plusieurs millions de travaux, on peut en conclure que quelques ouvriers périront victimes d'accidents du travail, on ne mérite, pas plus que ceux dont l'initiative ordonne les travaux, d'être traité d'assassin : rien ne prouve que la mortalité n'aurait pas été plus grande chez les ouvriers inoccupés, ou occupés ailleurs : substituer à cette incertitude une prévision relativement précise augmente nos connaissances sans faire de tort à personne.

Il faut seulement prendre garde de ne pas tomber dans un travers trop répandu : bien des personnes redoutent d'autant plus les inconvénients et les dangers qu'ils sont mieux connus ; elles seront effrayées par une statistique précise des accidents |649| de chemins de fer et ne penseront pas aux accidents moins soigneusement relevés atteignant les personnes qui se promènent tranquillement à pied dans les rues ou sur les grandes routes. De même, leur attention ayant été attirée sur les inconvénients précis que peut avoir tel mode d'alimentation, elles s'imposeront un régime bizarre, sans se demander si les modifications inconnues produites dans leur organisme par ce régime anormal ne les exposent pas à des dangers plus graves que ceux qu'elles cherchent à éviter.

L'ignorance peut être commode pour ceux qui pratiquent celle politique d'autruche ; elle n'est jamais désirable pour ceux qui préfèrent voir clair et ne se laissent pas influencer par la connaissance plus exacte qu'elles acquièrent d'un danger possible, lorsque sa probabilité est notablement inférieure à celle des dangers inconnus auxquels les hommes les plus timorés s'exposent tous les jours[17]. On n'a rien à redouter du calcul, lorsqu'on est décidé à ne pas régler sa conduite sur ses indications sans les avoir au préalable pesées à leur juste valeur : c'est une illusion singulière de penser que l'indépendance individuelle est accrue par l'ignorance.

[5] N'y a-t-il donc aucun fondement à l'opposition que nous avions cru discerner entre le calcul des probabilités et l'individualisme ? Il en est un très réel au contraire, dans la mesure où l'individualisme est antisocial, car le calcul des probabilités est la base de ce que l'on peut appeler les *mathématiques*

17. [NdB] Voir mon article : la [«]Valeur pratique du calcul des probabilités[»], dans la *Revue [du mois]* du 10 avril 1906, t. I, p. 424.

sociales. Son étude nous rappelle en effet que nous vivons en société et que les phénomènes sociaux ont une existence réelle et un intérêt propre. Elle nous rappelle que, si les hommes sont différents en bien des points, ils sont cependant semblables en ce qu'ils sont tous exposés aux accidents, à la maladie, à la mort; en ce que leurs divers éléments biologiques (la taille, les dimensions du crâne, etc.), se répartissent suivant des lois régulières autour de certaines moyennes, en ce qu'enfin on peut énoncer des *lois* que vérifie l'observation des faits |650| et dans l'énoncé desquelles ils sont considérés comme des unités constitutives de l'ensemble auquel s'applique la loi. De telles constatations sont éminemment propres à limiter les excès de la mentalité individualiste. Telle maladie fait, en moyenne, un certain nombre de victimes; la grêle ou les inondations font, en moyenne, un certain chiffre de dégâts; on ne sait pourquoi les uns sont atteints et les autres épargnés, mais la société, dans son ensemble, subit un dommage à peu près constant. L'étude de ces faits ne peut que contribuer à développer la notion de la solidarité, à rappeler à chacun qu'il ne doit pas se considérer comme indépendant du milieu où il vit et qu'il doit participer à la réparation des dommages fortuits qui atteignent son voisin et auraient pu l'atteindre lui-même. Aussi l'étude du calcul des probabilités a-t-elle une très grande valeur éducative; on devrait souhaiter qu'elle pût être mise à la portée de tous ceux qui prétendent à une part dans la direction des hommes et des choses. Ainsi serait fort heureusement combattu un certain individualisme qui n'est autre chose qu'un égoïsme inintelligent. Mais le calcul des probabilités ne menace nullement le véritable individualisme, c'est-à-dire la conscience nette de l'indépendance de pensée et d'action d'une personnalité qui se sent libre.

Émile Borel

Commentaire

Cet article apparemment clair, mais dont le contenu et la structure sont en réalité assez complexes, peut être compris à la lumière de plusieurs débats contemporains, de nature à la fois philosophique, politique, et éducative. On verra notamment que l'argumentation de Borel s'inspire du mouvement politique et philosophique issu des premières tentatives pour ériger la notion de *solidarité,* issue de la biologie, en doctrine à la fois sociale et politique. Sous l'étiquette du *solidarisme* fondé et défendu par Léon Bourgeois (1851-1925), c'est en effet une des doctrines autour desquelles le mouvement républicain et radical se structurera. Elle a néanmoins des opposants notoires à l'époque, parmi lesquels le philosophe George Palante dont Borel fait ici son interlocuteur. Nous proposons donc d'éclairer ici les principaux points de l'argumentation de Borel, en pointant à chaque fois les implicites et les références nécessaires à la compréhension du propos, ainsi que les complexités propres au raisonnement de Borel[18].

18. Ce commentaire s'appuie sur une étude plus approfondie, dont les résultats paraîtront dans une prochaine livraison de la *Revue d'Histoire des Sciences Humaines.*

Les premiers paragraphes justifient l'objectif principal de l'article : fonder et promouvoir le projet de vulgarisation générale du calcul des probabilités, à partir d'un examen des raisons qui font profondément obstacle à son acceptabilité. Borel propose, pour l'examen de cette question, d'opposer un certain nombre de mathématiciens-philosophes dont l'autorité est déjà bien reconnue, à une figure ambigüe qui est *grosso modo* celle des lecteurs éclairés, ignares en mathématiques mais auxquels leur *sensibilité* interdit de se fier au calcul, même alors que ce dernier est cautionné par l'autorité de telles figures savantes.

Le modèle de discussion dialectique entre experts et amateurs éclairés fait directement écho à la structure de l'argumentation déployée par Borel dans le premier article consacré à ces questions : publié deux ans plus tôt (1906) sous le titre *La Valeur Pratique du calcul des probabilités*[19], il oppose un mathématicien et son « contradicteur ». Ces deux anonymes disputent de la question de savoir s'il faut prendre en compte des éventualités (que le calcul montre) très peu probables mais qui restent possibles, détruisant ainsi toute idée de lois scientifiques gouvernant les événements fortuits. « Ce débat pourrait se poursuivre longtemps, car la difficulté qui en fait le fond ne peut être élucidée que si on l'aborde nettement, de face, en commençant par étudier la notion même de probabilité, avant de légitimer l'application que l'on y fera du calcul »[20]. Cette phrase initiale donne la clé de l'argumentaire qui défend et légitime tout d'abord le point de vue du contradicteur, tout en énonçant la thèse épistémologique centrale de Borel concernant la portée du calcul et qu'il rappelle ici dans la partie [4] : le calcul n'emporte aucune décision ni ne fonde la certitude, il ne fait au mieux que simplifier les décisions et éclairer le jugement, qui reste libre par ailleurs. En 1906 cette distinction est étendue par Borel à un problème épistémologique général, concernant tout calcul métrologique ou statistique, associant des données connues approximativement à des calculs d'une exactitude irréprochable[21]. Borel défend ensuite le parti-pris du mathématicien, en réinterprétant à sa manière la distinction entre probabilité objective et subjective introduite par Poincaré dans *La science et l'hypothèse* (au chapitre XI). Refusant d'y voir une différence essentielle mais plutôt de degré, Borel s'intéresse aux conditions auxquelles on peut raisonnablement considérer qu'un événement de très forte probabilité est en pratique certain.

Non seulement on retrouve en 1908 la structure globale de l'argument et sa « dramatisation » préalable (ici poussée à une véritable personnification), mais on retrouve également le même type d'argumentation. Elle introduit ce qu'on pourrait appeler des discussions de cas, de problèmes simples et qui ont pour fonction d'alerter l'esprit sur la distinction à faire entre les résultats d'un calcul, et l'interprétation à faire des résultats suivant les circonstances et les facteurs extra-mathématiques : la personnalité des protagonistes, leur orientation éthique ou leur situation économique. Ce sont ces facteurs qui

19. É. Borel, « La valeur pratique du calcul des probabilités ».
20. *Ibid.*, p. 425.
21. *Ibid.*, p. 431-432.

emportent la décision et Borel renvoie sous la catégorie du « bon sens » aux qualités d'intelligence qui permettent d'interpréter les résultats du calcul à partir d'un ensemble de facteurs plus larges, puis d'en tirer une décision.

Ce type d'argumentation et de questions suit le modèle des problèmes que Joseph Bertrand rassemble au début de son traité de probabilités, en épargnant volontairement au lecteur tout détail de calcul pour ne garder que les dilemmes d'interprétation des résultats, conduisant ainsi à aiguiser l'esprit critique du lecteur. S'il n'y a encore que des allusions à Bertrand dans l'article de 1906, Borel lui fait ici un emprunt beaucoup plus explicite (partie [3]), à savoir le résumé ironique que Bertrand fait de la discussion classique de d'Alembert sur le problème de l'inoculation. Ce débat avait opposé le philosophe à Bernoulli devant l'Académie des sciences[22]. Borel en propose ici une lecture différente de Bertrand, de nature psychologique et probablement inspirée de l'article de Palante auquel il répond, comme nous le verrons plus loin.

En conclusion de la partie [4] on retrouve enfin un argument important qui est posé dans l'article de 1906, et développé ici de manière un peu différente, à savoir que nous agissons dans la vie quotidienne d'une manière similaire à l'usage « raisonnable » qui est fait en sciences d'éventualités très peu probables : nous les négligeons. Alors que Borel, en 1906, tâche d'estimer concrètement l'ordre de grandeur de la probabilité à partir de laquelle, en pratique, on peut tenir un événement pour impossible, il propose ici un argument comparatif.

Quant aux interlocuteurs du débat, Borel en fait un portrait nettement plus circonstancié en 1908 qu'en 1906. Les mathématiciens-philosophes sont tout d'abord des figures d'autorité allant de Pascal à Laplace, auxquelles il faut naturellement ajouter deux intervenants de poids, ayant touché aussi bien aux questions mathématiques et expérimentales que philosophiques et historiques touchant au calcul des probabilités : Joseph Bertrand tout d'abord, Henri Poincaré ensuite. Joseph Bertrand (1822-1900) est un académicien, professeur à l'école Polytechnique puis au Collège de France, qui représente une figure dominante des mathématiques françaises dans la deuxième moitié du XIXe siècle. Son traité de probabilités de 1888-1889 dominera ensuite largement l'approche des probabilités dans ce que Bernard Bru appelle « l'école parisienne » pendant un demi-siècle et est un bon reflet de sa personnalité complexe et de son style pédagogique très particulier[23]. Bertrand organise en effet le traité, issu de plusieurs années d'enseignement à l'X puis au Collège de France, en deux parties : une préface, écrite volontairement dans un style débarrassé de toute notation algébrique et donc accessible, et dans un style à la fois laconique et spirituel[24], expose les principaux problèmes épistémologiques liés à l'application du calcul des probabilités en sciences, ou plus encore dans les « sciences morales ». Sur ce point Bertrand affiche

22. J.-M. Rohrbasser, « Les hasards de la variole », *Astérion. Philosophie, histoire des idées, pensée politique* 9, 2011 en ligne : https://doi.org/10.4000/asterion.2143.

23. B. Bru, « Les leçons de calcul des probabilités de Joseph Bertrand. "Les lois du hasard" », *Electronic Journ@l for History of Probability and Statistics* 2, 2, 2006, en ligne : http://www.jehps.net/Decembre2006/Bru.pdf.

24. La citation qu'en fait Borel dans la partie [3] donne un bel exemple du style de Bertrand. Cette préface est en réalité la reproduction, à quelques détails près, d'un article paru en 1884 dans la *Revue des deux mondes* 62, 3, 1884, p. 758-788, ce qui explique en grande partie ce choix stylistique inaugural.

son plus grand scepticisme vis-à-vis des prétentions d'un Condorcet ou d'un Laplace : sans récuser la valeur scientifique du calcul des probabilités, il préconise néanmoins de les ramener à des bornes raisonnables et faisant droit au bon sens aussi bien dans l'interprétation du calcul, que dans l'évaluation des données sur lesquelles il s'appuie.

La seconde « figure tutélaire », bien connue des lecteurs de Borel, est bien sûr celle d'Henri Poincaré. Le « scepticisme » dont il est question renvoie à la discussion sur le calcul des probabilités et sa fiabilité dans le chapitre XI de *La Science et l'Hypothèse* qui y est consacré, ainsi plus généralement qu'aux discussions que rapporte Poincaré lui-même, dans *La Science et l'hypothèse* puis dans *La Valeur de la Science* (1905, IIIe partie), sur le degré de « scepticisme épistémologique » quant aux rapports entre sciences et réalité, qu'on lui a attribué. Il fait ici explicitement référence aux échanges entre lui et le mathématicien et philosophe Édouard Le Roy. Poincaré fait partie de ces mathématiciens rentrés non seulement en philosophie[25] mais aussi dans l'écriture de textes adressés à un public large, ce qu'il a largement réussi à faire. Ces ouvrages, notamment l'ouvrage de 1905, sont un bon reflet des discussions et inquiétudes contemporaines autour de la « crise de la science ».

Quant à la figure du « contradicteur », anonyme en 1906, elle se trouve en 1908 nettement incarnée par le philosophe George Palante, comme l'indique d'emblée le recours à la notion de *sensibilité*. Palante est en effet le promoteur de ce qu'il appelle la « sensibilité individualiste », selon le titre de l'article cité par Borel paru au *Mercure de France*, qui deviendra lui-même le premier chapitre d'un ouvrage éponyme l'année suivante[26]. La citation qu'en fait Borel ne ressort probablement pas d'une simple politesse littéraire, mais reflète un réel dialogue avec les thèses individualistes et anti-solidaristes de Palante, et par là avec les thèses solidaristes qui structurent une bonne partie des discussions scientifiques et politiques de l'époque.

Palante prend la sensibilité individualiste qu'il repère chez quelques individualités exceptionnelles, à la fois comme modèle d'un *parti-pris* philosophique altier dont il se revendique nettement, et comme *sujet d'étude*[27] pour le genre de « psychologie sociale » qu'il préconise. Si Borel accepte les principaux traits relevés par Palante au sujet de la sensibilité individualiste *comme objet d'étude*, il lui conteste immédiatement l'idée que ce trait ne serait propre qu'à des personnalités d'exception[28]. Tout le reste de l'argument de Borel, comme on l'a vu plus haut, affine le portrait des individualités qui ne se sentiront pas diminuées par le calcul de probabilités pourvu qu'ils puissent en évaluer l'importance réelle et ne sentent pas pour cela leur liberté

25. A. Rasmussen, « Critique du progrès, "crise de la science" : débats et représentations du tournant du siècle », *Mil neuf cent* 14, 1, 1996, p. 89-113, en ligne : https://doi.org/10.3406/mcm.1996.1152.
26. G. Palante, *La sensibilité individualiste*, Paris, Alcan, 1909.
27. Palante se montre en cela fidèle en cela à un positionnement qu'on retrouve dans plusieurs de ses ouvrages : proposer un point de vue critique et informé, tout en le revendiquant comme une expression de sa seule sensibilité, de ses « *placita* ».
28. L'allusion aux ridicules liés aux particularités de l'écriture est peut-être ici une allusion discrète à l'intéressante controverse provoquée par Borel lui-même entre lui et le psychologue Binet, au sujet des prétentions de la graphologie : il montre en particulier que l'analyse statistique des écritures dément les prétentions à repérer les « hommes supérieurs » d'après cette dernière.

de jugement diminuée. Borel tire donc de sa discussion une sorte d'éthique de la connaissance, compatible avec un individualisme « intelligent » qui diffère d'un simple égoïsme : ne pas se croire esclave du calcul, mais y voir un outil d'évaluation des décisions.

Au titre du *parti-pris*, l'article de Palante, ainsi que bien d'autres de ces écrits, constitue une charge aussi mordante qu'argumentée contre ce qu'il qualifie « d'ambiance solidariste », en commençant par la prétention à construire, comme le voulait Durkheim, une « science des faits sociaux »[29]. Palante s'oppose dès son *Précis de Sociologie* (1901) à cette idée fondatrice de la sociologie durkheimienne, aussi bien sur le plan conceptuel et philosophique, qu'au plan politique et éducatif, récusant le devoir qu'on entend faire aux enseignants – dont il fait partie – d'influencer le sens moral en faisant prendre conscience dès l'enfance de la part de dette et d'obligation morale que représente l'appartenance à la société.

C'est très précisément à cette orientation politique et éducative que se rattache sans ambigüité Borel, dans les dernières lignes de l'article (partie [5]) où il s'attaque frontalement, et comme en réponse à Palante, au caractère « antisocial » posé par un certain type d'individualisme. Cette forte expression est très probablement une réponse aux charges les plus véhémentes de Palante contre « toutes les doctrines d'empiétement social », et qui rendent pour lui la sensibilité individualiste irrémédiablement « antisolidariste, antidogmatique, anti-éducationniste »[30]. Par contraste, ou en réponse, l'argumentation de Borel en [4] est un résumé aussi condensé que passionné des thèses solidaristes – y compris sur le plan éducatif et moral. Borel, deux ans auparavant, avait publié dans la *Revue du Mois* le premier chapitre de la grande synthèse de Célestin Bouglé sur le solidarisme[31]. Bouglé, lui-même solidariste engagé et théoricien de la doctrine de Bourgeois et de ses inspirateurs, résume bien dans son article le compromis philosophique auquel vise le solidarisme, en réponse notamment aux débats, déjà traditionnels en 1906, sur la « banqueroute de la science ». Si le solidarisme revendique bien un fondement scientifique dans l'idée de solidarité inspirée de la biologie, puis en tire la définition d'un devoir moral de l'individu pour la société envers laquelle il a une « dette », il reconnaît aussi les droits de l'individu à la liberté de conscience et de décision. Simplement, cette liberté doit être éclairée par l'éducation et la prise de conscience des faits sociaux[32].

L'argumentation de Borel a donc une tournure « solidariste », à une importante nuance près. Là où les solidaristes classiques se réfèrent à la sociologie comme « science des faits sociaux », Borel fait pour sa part appel à ce qu'il nomme, suivant l'expression empruntée à Condorcet, une *mathématique sociale*. Faisant fi sur ce point des déclarations prudentes et sceptiques de Bertrand, il revendique le calcul des probabilités comme fondement d'une

29. D. Depenne, *L'individu aujourd'hui : Débats sociologiques et contrepoints philosophiques*, Rennes, Presses Universitaires de Rennes, 2015, chap. 3 « Georges Palante contre Émile Durkheim : individualisme et sociologie », en ligne : http://books.openedition.org/pur/13614 et M. Joly, *La révolution sociologique*, La Découverte, Paris, 2017.

30. G. Palante, *La sensibilité individualiste*, *op. cit.*, p. 11.

31. C. Bouglé, *Le solidarisme*, Paris, V. Giard & E. Brière, 1907.

32. C. Bouglé, *Le solidarisme*, *op. cit.*, p. 54-55.

compréhension des faits sociaux et comme preuve indirecte de leur existence, régie par des lois. Il reprend en revanche l'idée solidariste d'une éducation éclairée par la connaissance de ces lois.

On voit que l'ensemble de cet argumentaire prend ainsi très largement la forme d'un dialogue entre Borel et plusieurs de ses contemporains, Poincaré et surtout Bertrand étant ses principaux référents et inspirateurs, et Palante son interlocuteur de circonstance. Il est en outre modelé sur son premier argumentaire datant de son « tournant probabiliste » vers 1905-1906. Plus généralement, cet échange est rendu possible par une galaxie éditoriale de revues et d'ouvrages, liés à des formes de sociabilité savantes et politiques bien précises[33]. La discussion est ainsi réglée par le jeu des réponses d'une revue à l'autre, ou d'un article à l'autre dans la même revue : cet article répond et amplifie en effet les idées précisées dans plusieurs articles des années précédentes. En l'occurrence Borel agit aussi bien comme auteur, que comme éditeur[34]. Conçue, suivant son libellé d'annonce, comme une « Revue de libre discussion, admettant à s'exprimer en pleine indépendance toutes les opinions à base scientifique », la Revue de Borel part du principe qu'un nombre croissant de questions deviennent accessibles à la méthode scientifique, et se donne pour but de « contribuer au développement des idées générales par l'exposition et l'étude critique des progrès réalisés dans la connaissance des faits et des mouvements d'idées qui en sont la conséquence ». L'article ici commenté répond très profondément à cet objectif, en faisant se répondre une étude critique et épistémologique de la valeur du calcul des probabilités, à une question d'intérêt général qui est la vulgarisation de ce calcul.

D'un certain point de vue, Borel a pourvu lui-même à un commentaire étendu de ses articles de 1906-1908, en en faisant l'enjeu essentiel de son livre *Le Hasard* (1914) publié chez Alcan. Les deux articles se trouvent réunis au début de la huitième partie, consacrée à la valeur pratique, scientifique et philosophique des lois du hasard. Il ajoute en outre[35] un curieux appendice à l'article de 1908, où il propose tout de go, et à l'encontre de toutes les déclarations prudentes sur les questions de morale qui émaillent les articles de 1906 et 1908, de *fonder une morale* (et donc une théorie des décisions pratiques) sur le calcul des probabilités. De manière plus générale, les réflexions contenues dans cet article reflètent une préoccupation constante de toute sa carrière, aussi bien sur le plan intellectuel[36], éditorial[37] que politique (voir présentation ci-dessus).

Les derniers mots de l'article de 1908 défendent, comme on l'a vu, la notion d'un individualisme éclairé par les probabilités, qu'il faut donc mettre pour lui « à la portée de tous ceux qui prétendent à une part dans la direction

33. V. Tesnière, *Le Quadrige : un siècle d'édition universitaire*, Paris, Presses Universitaires de France, 2001.
34. C. Ehrhardt, H. Gispert, « Mettre en acte un projet éditorial à la Belle Époque : les débuts de la *Revue du mois* », *Philosophia Scientiae* 22, 2018, p. 99-118.
35. É. Borel, *Le hasard*, *op.cit.*, § 95-97.
36. L. Mazliak, M. Sage, « Au-delà des réels : Émile Borel et l'approche probabiliste de la réalité », *Revue d'histoire des sciences* 67, 2, 2014, p. 331-57.
37. M. Cléry, M.-C. Bustamante, L. Mazliak, « Le Traité du calcul des probabilités et de ses applications : étendue et limites d'un projet borélien de grande envergure (1921-1939) », *North-Western European Journal of Mathematics* 1, 2015, p. 85-123.

des hommes et des choses ». Il s'agit donc d'une éducation propre à une élite dirigeante, comme celle que préconisait plus tôt Borel dans sa célèbre conférence tenue au Musée pédagogique en 1905[38], qui est aussi une de ses premières prises de positions sur des questions de politique éducative, donnant une idée profonde du lien entre théorie mathématique et pratique scientifique. Si donc l'article de Borel fonctionne globalement comme une sorte d'inversion des arguments de Palante, tout en conservant la notion d'une « sensibilité d'élite » qui la distingue des préjugés grossiers d'un individualisme égoïste ou mal informé, on peut dire, pour paraphraser Palante citant B. Shaw, que ces intellectuels, tous deux fièrement individualistes, ne partageaient pas les mêmes goûts, ni surtout les mêmes options épistémologiques ou politiques.

Alain Bernard
Université Paris Est Créteil et Centre A. Koyré

38. É. Borel, H. Gispert, « Les exercices pratiques de mathématiques dans l'enseignement secondaire. Conférence faite le 3 mars 1904 au Musée pédagogique », *La Gazette des mathématiciens* 93, 2002, p. 47-64.

L'ENTRELACS DES PROBABILITÉS ET DE LA STATISTIQUE
Entretien avec Laurent Mazliak

Mathématicien de formation, spécialiste en probabilités, Laurent Mazliak a d'abord fait de la recherche en contrôle stochastique avant de se tourner vers l'histoire des mathématiques. À ce titre, il a travaillé sur l'émergence des probabilités modernes au début du xxe siècle. Il a mené de nombreux travaux sur l'influence de la Première Guerre mondiale sur les communautés mathématiques en France, Italie, Tchécoslovaquie, Bulgarie, Russie et URSS, et sur la transformation de la scène mathématique qu'elle a induite, notamment en ce qui concerne la présence des mathématiques du hasard dans la science[1]. Il est enseignant-chercheur à Sorbonne Université, membre du Laboratoire de Probabilités, Statistiques et Modélisation (LPSM). Nous lui avons demandé de nous éclairer sur l'étroite collaboration existant entre calcul des probabilités et statistiques : si elles sont historiquement distinctes, elles sont aujourd'hui étroitement associées. Qu'est-ce que chacune a de spécifique ? Quelle est au juste la nature de leur collaboration ?

Cahiers Philosophiques : *Le calcul des probabilités, c'est un sujet difficile mais, quelque part, chacun voit (ou croit voir !) à peu près de quoi il s'agit. Vraie ou fausse, nous avons tous une idée de ce qui est probable. Le cas des statistiques est différent. Certes, nous y sommes tous confrontés, quotidiennement même ; mais c'est avec le sentiment que le sujet est beaucoup plus complexe, qu'il possède de nombreuses ramifications. Alors, au fond, c'est quoi, la statistique ?*

Laurent Mazliak : En première approximation, on peut reprendre la caractérisation qu'en a donnée Stephen Stigler dans un livre récent[2] : la statistique, c'est un ensemble de méthodes qui nous sert à tirer une information nouvelle à partir de données numériques récoltées sur un terrain d'expérience. Les données en question sont très souvent le résultat d'une mesure : données astronomiques, nombre de naissances, de décès, production agricole, etc. Il y a pensée statistique à partir du moment où l'on se demande comment tirer une information de ces données. Si l'on

1. Il est notamment auteur ou co-auteur des ouvrages suivants : L. Mazliak et R. Tazzioli, *Mathematicians at War. Correspondence Between Volterra and His French Colleagues during World War I*, Dordrecht, Springer, 2009 ; A. Durand, L. Mazliak et R. Tazzioli, *Des mathématiciens et des guerres*, Paris, CNRS, 2013 ; L. Mazliak, *Le Carnet de voyage de Maurice Janet à Göttingen*, Paris, Matériologiques, 2013 ; M. Barbut, B. Locker et L. Mazliak, *Paul Lévy – Maurice Fréchet : 50 Years of Mathematics*, Dordrecht, Springer, 2014 ; F. Brechenmacher, G. Jouve, L. Mazliak et R. Tazzioli, *Images of Italian Mathematics in France. The Latin Sisters from Risorgimento to Fascism*, Basel, Birkhäuser – Springer, 2016.

2. S. Stigler, *The Seven Pillars of Statistical Wisdom*, Cambridge (Mass.), Harvard University Press, 2016.

préfère encore, il s'agit d'extraire des indicateurs à partir d'une collection. De ce point de vue, le simple fait de considérer une moyenne a constitué un pas de géant puisque la moyenne résume la collection. Il faut bien comprendre que ce qu'il y a de gigantesque n'est pas forcément l'aspect strictement mathématique (prendre une moyenne est un processus mathématique élémentaire depuis très longtemps) mais d'admettre qu'*un seul* indicateur donne une information exploitable face à une *collection* de données. En résumé, d'une façon générale, ce que montre bien Stigler dans son petit ouvrage c'est la façon dont la discipline statistique se développe autour de concepts et de méthodes destinées à extraire des indicateurs d'une collection de données puis à montrer comment utiliser ces indicateurs afin d'agir sur l'expérience qui avait produit ces données.

C.P. : *Pour montrer la pertinence de cette caractérisation, pouvez-vous nous rappeler brièvement comment les statistiques en sont venues à occuper la place qui est la leur aujourd'hui dans nos sociétés ? Sur ce sujet, on dispose déjà d'excellentes études*[3]*, mais il y a certainement encore beaucoup à dire.*

L.M. : Pour répondre à votre demande, je vous propose un petit tour d'Europe, non exhaustif d'ailleurs. Commençons par l'Allemagne. On peut y distinguer deux étapes, car le processus remonte loin. Depuis le XVIe siècle on gouverne de plus en plus loin, d'où un besoin croissant d'informations. Les petits princes du nord de l'Allemagne sont obligés de développer de nouveaux moyens de gouvernement. À cela s'ajoute l'influence de la Réforme, qui oblige à chercher hors de l'Église un principe unificateur de l'État. C'est ainsi qu'apparaît une science de l'État, la caméralistique, encore appelée *science camérale*[4]. Le mouvement prend une ampleur inédite au XIXe siècle. Après Napoléon, l'Allemagne cherche une voie nouvelle : confier l'administration non à des juristes, comme cela se faisait en France, mais à des gens à qui on demande une formation plus scientifique, ce qui est à mettre en parallèle avec le développement des universités.

Au milieu du XIXe siècle un grand débat a également lieu en Allemagne qui concerne l'économie politique pour savoir s'il s'agit d'une discipline historique ou quantitative. C'est à cette époque que se dessine ce que sera la statistique. Un personnage clé est Ernst Engel, directeur du bureau prussien de statistiques de 1860 à 1882. Morgane Labbé[5] a bien montré qu'il a été un bras droit dans la formation de l'État bismarckien. Le chancelier du Reich veut en effet réformer la formation des administrateurs de façon à améliorer l'administration. Réformer, cela veut dire notamment revoir la place qu'on donne à la statistique et la conception que l'on s'en fait. La formation des administrateurs est confiée aux universités. Se développe ainsi un enseignement des statistiques qui s'accélère après 1871, avec la création de chaires et de séminaires.

Strasbourg offre un excellent exemple de cette situation, de par sa situation de ville devenue allemande en 1871 et dont l'Allemagne veut donc faire une sorte de poste avancé vers l'ouest de la culture scientifique allemande. Strasbourg

3. Voir par exemple A. Desrosières, *La politique des grands nombres. Histoire de la raison statistique*, Paris, La Découverte, 2010 ; O. Rey, *Quand le monde s'est fait nombre*, Paris, Stock, 2016.

4. De *camera*, chambre ; en français, dans ce même contexte, nous disons : cabinet.

5. Morgane Labbé : « L'arithmétique politique en Allemagne au début du XIXe siècle : réceptions et polémiques », *Journal Électronique d'Histoire des Probabilités et de la Statistique* 4, 1, 2008.

devient notamment un des fleurons des sciences de l'État et plusieurs savants de grande envergure y enseignent. Wilhelm Lexis[6] y occupe son premier poste. C'est là qu'il publie son premier livre de statistique théorique, sur les décès. Il y récupère la tradition d'Adolphe Quételet et se livre à une réflexion sur l'utilisation des moyennes et sur la loi des erreurs. Quételet était resté fortement descriptif; Lexis propose une technique d'interprétation. C'est à lui qu'on doit l'idée de loi normale. Il introduit également le coefficient de divergence : mesurer l'écart entre les résultats statistiques obtenus et un tirage de boules dans une urne, ce qui permet de mettre en évidence des causes qui perturbent un tirage parfaitement aléatoire. En Grande-Bretagne, la mutation de la statistique a lieu un peu plus tard et dans un tout autre contexte puisqu'il s'agit de la biométrie. Le point de départ se trouve cette fois chez Charles Darwin en raison du rôle donné par celui-ci au hasard dans le processus évolutif. Son cousin Francis Galton (1822-1911) voit dans cette présence du hasard un ingrédient nouveau qu'il convient de quantifier. Galton prolonge lui aussi la voie tracée par Quételet. D'un point de vue darwinien, l'homme moyen est peu intéressant. Ce qui compte chez Darwin, c'est la variabilité. Si on veut savoir ce qui va émerger, la moyenne ne nous dit pas grand-chose; ce qu'on doit étudier, c'est la dispersion. C'est ainsi que Galton met en évidence la régression vers la moyenne : quand les parents sont de grande taille, la taille de leurs enfants sera plus proche de la moyenne que celle de leurs parents. Derrière les travaux de Galton, il y a aussi le darwinisme social et l'eugénisme. Il s'agit de dépister dans l'individu les caractéristiques liées à l'aptitude sociale, de définir des critères permettant de juger de l'aptitude sociale des individus, afin de repérer les moins aptes pour les éliminer.

Celui qui va donner toute sa dimension mathématique à ces études, c'est le successeur de Galton, Karl Pearson (1857-1936), à qui on doit par exemple l'idée de coefficient de corrélation ou encore le test du chi 2 : le premier donne une indication, face à deux séries de données, pour savoir si la première série est ou non liée à la deuxième. Par exemple, si l'on relève, dans une population de personnes, la taille et le poids, il est clair qu'on voit que les deux données ne sont pas indépendantes. Le test du chi 2, quant à lui, donne une indication pour savoir si une série de données suit ou non une certaine loi aléatoire : par exemple, face à une série de sorties successives d'un dé, de déterminer s'il est raisonnable d'attribuer une probabilité de 1/6 à chaque face du dé, c'est-à-dire si le dé est ou non truqué. Avec Pearson, la statistique devient l'outil privilégié du raisonnement inductif. Ici, l'influence d'Ernst Mach et du positivisme est claire. À l'arrière-plan, il y a une critique de l'idée de causalité. La causalité n'est rien d'autre qu'une routine de perception en vue de l'action. Elle ne nous apprend rien sur la réalité. Pour Pearson, plutôt que de chercher des lois causales, il convient de calculer des coefficients de corrélation. C'est lui qui crée le laboratoire de biométrie; c'est lui aussi qui fonde en 1900 la revue *Biometrika*. Pearson et ses émules se livrent à une colossale récolte de données auprès des ingénieurs, des biologistes, des agronomes, ou encore des médecins pour développer et améliorer une approche efficace et précise des problèmes dans tous genres de domaines. Pour l'école biométrique anglaise, très pragmatique, il faut fournir des solutions qui soient suffisamment simples pour être exploitables et

6. Wilhelm Lexis (1837-1914), statisticien, économiste et sociologue allemand.

suffisamment souples pour s'appliquer à quasiment toutes les situations. Pearson proposait une classification de sept familles de courbes auxquelles se rapportent selon lui la grande majorité des situations statistiques concrètes.

En Italie on assiste également à une explosion de recherches au tournant des XIXe et XXe siècle. C'est le contrecoup du *Risorgimento*, marqué par l'influence du modèle allemand (l'Allemagne, autre pays qui avait réussi son unification en 1870, est jusqu'à la Première Guerre mondiale un modèle pour l'Italie) et par le problème de la disparité existant entre les deux parties, nord et sud, du pays. La statistique cette fois est liée à l'économie et on étudie la répartition des richesses et des inégalités. Ce travail est notamment associé aux noms de Vilfredo Pareto et de Corrado Gini. Pareto, né en 1848, représente la première génération, celle qui met en place les structures de la théorie économique ; Gini, né en 1884, appartient à la génération suivante, celle à qui il revient de mettre en œuvre les propositions à travers une théorie statistique applicable. Les Italiens défendent un usage extensif et raisonné du calcul des probabilités comme base de la statistique, mais un calcul des probabilités qui n'appartient ni au mathématicien ni au philosophe mais au statisticien. On retiendra également la leçon inaugurale (*prolusione*) de Vito Volterra (1860-1940), à l'occasion de sa nomination à l'université de Rome en 1901 : il y décrit la façon dont les mathématiques ont investi des disciplines comme l'économie ou la biologie et insiste sur le fait que l'outil mathématique central pour cela est bien le calcul des probabilités. Il est intéressant de noter que Volterra, un des mathématiciens italiens les plus influents du début du XXe siècle, ne s'est pas du tout impliqué lui-même dans des recherches autour des probabilités : son commentaire était donc en quelque sorte celui d'un observateur extérieur qui constatait l'influence croissante des mathématiques du hasard dans la science contemporaine.

Il vaudrait la peine également de regarder du côté de la Russie. La filiation allemande est manifeste. Mais le territoire russe est immense, de sorte qu'il faut faire face à des problèmes qui ne se posent nulle part ailleurs, notamment dans la collecte des données. La statistique y est donc très active à la fin du XXe siècle. Les soviétiques poursuivront d'abord cette activité et développeront des méthodes statistiques originales avant que la période stalinienne ne mette un brutal coup d'arrêt à un travail statistique indépendant qui, aux yeux des dirigeants, avait le grand tort de ne pas produire des observations conformes aux prévisions du plan (de nombreux statisticiens furent arrêtés, voire fusillés, pendant les années 1930).

C. P. : *On voit bien comment les mathématiques interviennent pour donner une assise plus scientifique aux statistiques ; mais pourquoi les probabilités ?*

L. M. : C'est la loi des grands nombres[7] qui constitue le socle de cette intervention. Si on est dans le collectif, l'outil pour traiter du collectif, c'est par excellence ce résultat théorique dont le principe même est d'établir un lien entre une série de données et un objet mathématique qu'on appelle la probabilité. On a l'habitude d'associer la naissance du calcul des probabilités aux travaux de Pascal sur les jeux de hasard.

7. Cette loi, énoncée pour la première fois par Jacques Bernoulli en 1705, indique que lorsque l'on répète un grand nombre de fois une même expérience, la probabilité est très forte pour que la moyenne des résultats obtenus soit proche d'une valeur théorique. Par exemple, si on lance de nombreuses fois une pièce de monnaie, on pourra affirmer d'avance qu'on obtiendra « à peu près » une moitié de « pile » et une moitié de « face ».

Mais le développement rapide de ce que l'on a appelé l'arithmétique politique montre bien que le calcul des probabilités s'est très rapidement articulé à des questions socio-politiques d'une tout autre importance. La mesure du risque est une préoccupation très ancienne. Mais on va se la poser dans des termes nouveaux que l'on emprunte à la réflexion sur les jeux de hasard. L'évaluation des populations, c'est-à-dire la démographie, offre un exemple privilégié. Maintenant que l'on gouverne de loin, il importe de savoir qui on gouverne. Les plus grands mathématiciens du XVIIIe siècle, Bernoulli, Euler, d'Alembert, Condorcet, Laplace, tous ont ainsi été conduits à réfléchir sur la façon dont on pouvait estimer une population. Cela a conduit à un élargissement du champ des questions mathématiques avec, notamment, les débuts de l'inférence statistique et de ce que l'on appelle la probabilité des causes, associée au théorème de Bayes. Il s'agit d'avoir un moyen quantitatif, lors de l'observation d'un phénomène, pour déterminer parmi différentes causes qui peuvent avoir produit le phénomène, lesquelles sont les plus probables.
Tous ces travaux sont exposés dans le grand ouvrage de Pierre Simon de Laplace : *Théorie analytique des probabilités*. Dans sa préface, l'*Essai philosophique sur les probabilités*, l'auteur dit bien : interroger scientifiquement les faits sociaux, c'est le faire au moyen du calcul des probabilités.

C. P. : *L'étymologie de statistique indique clairement le rapport avec l'État, le gouvernement des hommes. Mais la méthode statistique, si l'on peut considérer la statistique comme une méthode, s'applique également à l'étude des phénomènes naturels. Que s'est-il passé dans ce domaine ?*
L. M. : Dans les sciences naturelles, le gros fournisseur de statistiques, ce fut d'abord l'astronomie. C'est pour elle que Laplace s'était intéressé à la quantification du hasard, pour analyser par exemple le retour des comètes. Mais tournons-nous plutôt vers le cas de la Scandinavie qui fut un cas d'école intéressant car depuis le XIXe siècle, les statisticiens y étaient soit astronomes, soit actuaires. Dans les deux cas, il y a de forts liens avec les questions d'approximation ; or les mathématiques nous fournissent des moyens pour calculer des valeurs approchées. C'est un Suédois, Hugo Gyldén, qui a eu le premier l'idée d'une approche systématique de statistique mathématique pour l'astronomie[8]. Si on a un coefficient inconnu dans une loi astronomique, au lieu de chercher à lui donner une valeur, on peut le traiter comme une variable aléatoire. On ne peut certes alors en déduire qu'une répartition de probabilités pour le coefficient en question, ce qui peut paraître peu concluant ; mais c'est une erreur car c'est dans beaucoup de cas la seule chose qu'on peut dire. Laplace proposait des méthodes d'estimation ; ici, on a franchi un nouveau pas, puisque le paramètre inconnu est considéré comme intrinsèquement aléatoire. C'est un autre scandinave, Carl Vilhelm Ludwig Charlier, qui invente la statistique stellaire pour traiter de façon statistique les informations contenues dans les photographies du ciel. Et, c'est un actuaire, Johan Frederic Steffensen, qui développe des techniques

8. Hugo Gyldén (1841-1896), astronome suédois de Göteborg qui s'intéressa à différents problèmes fondamentaux de la mécanique céleste liés à la représentation des trajectoires. L'un d'eux est ce qu'on appelle la résonance orbitale, qui correspond à l'alignement périodique de deux planètes en rotation autour d'une étoile, soit encore au fait que les périodes de rotation de ces deux planètes aient pour rapport le quotient de deux entiers.

d'interpolation pour l'estimation des erreurs d'interprétation. Le journal des actuaires scandinaves est une des grandes publications statistiques du xxe siècle.

Par ailleurs, au milieu du xixe siècle, des physiciens comme James Clerk Maxwell ou Ludwig Boltzmann se sont rendu compte que certains phénomènes comme ceux que l'on observe dans le cas des gaz, qui contiennent un nombre gigantesque de molécules s'entrechoquant, ne peuvent pas être étudiés grâce à la mécanique classique newtonienne. De ce fait, ils ont proposé une approche statistique, considérant l'ensemble des molécules comme un tout dont les lois physiques se déduisaient de calculs de probabilités de présence dans tel ou tel état. Cette vision véritablement révolutionnaire ne s'est pas imposée sans problème. Quelqu'un comme Henri Poincaré a par exemple montré une hostilité non dissimulée contre ce qui lui semblait une entorse inacceptable à une vision déterministe du monde. Mais les indiscutables succès de cette nouvelle approche le forcèrent progressivement à l'accepter.

David Hilbert, lui aussi, porte témoignage de ce moment de tournant pour les mathématiques du hasard. Sur la fameuse liste qu'il avait dressée à Paris en 1900 comme programme pour les mathématiciens du xxe siècle, Hilbert propose comme sixième problème l'axiomatisation de la physique et en tout premier lieu du calcul des probabilités. En quelque sorte, la physique est conçue comme ayant pour cadre théorique les probabilités. De façon intéressante, quand, quelques années plus tard, il fit lui-même un cours où il évoque les probabilités, c'est vers un actuaire qu'il se tourne. Il appuie son argumentation sur la proposition d'axiomes pour les probabilités par Georg Bohlmann – un professeur d'actuariat de Göttingen – en 1901 dans l'article de l'*Encyclopaedie der Mathematischen Wissenschaften* consacré aux assurances sur la vie[9].

C. P. : *Et la France, dans tout cela ? Comment s'y présente la situation au début du xxe siècle, avec des figures aussi importantes que celles de Poincaré ou de Borel ?*

L. M. : La position de Poincaré a déjà été évoquée. Elle est tout à fait emblématique. Bien qu'il se soit progressivement mis à accepter la présence des probabilités en physique, il est resté sur le seuil. Pour comprendre sa réticence il faut revenir un peu en arrière. Après Laplace, on pourrait croire que les probabilités avaient gagné la partie et étaient acceptées en France comme une discipline mathématique comme les autres. Mais ce n'était pas le cas pour diverses raisons. Pour Laplace, les probabilités ne sont là que comme un palliatif à notre ignorance : l'idéal scientifique laplacien emboîte le pas à celui de Newton et il est absolument déterministe. Tous les scientifiques français formés au milieu du xixe siècle (Poincaré est né en 1854) se sont rangés sous ces figures tutélaires et les probabilités restaient à la marge. En outre, les positions très problématiques prises sur la question de la probabilité des jugements par Laplace et surtout par Poisson ont notamment profondément divisé l'Académie des sciences dans les années 1830. La déconsidération qui en résulta poursuivit en France les probabilités, qui eurent longtemps la réputation de discipline peu rigoureuse. Ce point de vue, qui est celui d'Auguste Comte, est

9. G. Bohlmann, « Lebensversicherungs-Mathematik », *in* W. F. Meyer (ed.), *Encyclopaedie der Mathematischen Wissenschaften*, Leipzig, Teubner, 1901, t. I, 2.

très bien exprimé par John Stuart Mill dans son *Système de logique :* l'application des probabilités aux phénomènes sociaux est le scandale des mathématiques[10]. Pour Poincaré, tout l'usage des probabilités en physique relève d'un conventionnalisme que ses succès justifient *a posteriori.* Avec sa méthode des fonctions arbitraires, Poincaré a d'ailleurs déployé des trésors d'ingéniosité pour montrer que dans certaines situations importantes le choix de la convention est entièrement arbitraire et mène toujours au même résultat et donc qu'il n'y a pas de réelle subjectivité dans cette démarche. Ainsi, quand on lance une bille sur une roulette de casino, si la roulette tourne suffisamment longtemps, on peut toujours supposer que les différentes cases de la roulette ont la même probabilité de voir la bille s'y arrêter car de toute façon, même si on prend une convention différente au départ, asymptotiquement la situation reviendra au même. Ce type de raisonnement a par exemple permis à Poincaré d'expliquer pourquoi les petites planètes, une ceinture d'astéroïdes située entre la Terre et Mars, sont réparties également tout autour du soleil alors qu'on ignore tout de la situation dans laquelle elles ont été créées. Le temps très long qui s'est écoulé depuis leur formation a, en quelque sorte, homogénéisé la situation.

Celui qui a vraiment franchi le pas de l'aléatoire fut Émile Borel. À titre d'exemple, il est significatif de comparer la façon dont Borel et Poincaré ont regardé un certain aspect de la mécanique statistique. Au début du xxe siècle avait paru un livre du physicien Willard Gibbs qu'on peut considérer comme le premier traité de mécanique statistique. Jacques Hadamard en avait fait un compte rendu enthousiaste et avait inventé une métaphore pour expliquer à ses lecteurs l'évolution vers l'homogénéité d'un mélange gazeux : il le comparait aux cartes d'un paquet qu'on bat avant de jouer de sorte qu'au bout d'un nombre suffisant de battements on considère que le jeu est « bien battu », c'est-à-dire que toutes les configurations d'ordre possible ont la même probabilité. Poincaré et Borel reprennent chacun cette métaphore pour expliquer cette évolution vers une répartition uniforme. Mais alors que Poincaré s'empresse d'en faire une démonstration pas du tout probabiliste en utilisant des arguments de théorie des groupes, Borel fait lui une démonstration tout à fait probabiliste (et sensiblement plus simple) en regardant l'évolution d'une espérance mathématique.

Le tournant borélien vers les probabilités en 1905 est le résultat de la conjonction de deux facteurs : l'un mathématique, l'autre que l'on pourrait appeler sociétal. Dans le cas du premier facteur, il faut savoir que Borel à ses débuts a été un disciple convaincu du mathématicien et logicien allemand Georg Cantor. Ses premiers travaux utilisent avec enthousiasme les méthodes très abstraites de celui-ci ; mais Borel ne tarda pas à tourner le dos à cette première orientation car il estimait qu'il était dangereux, pour l'unité de la science, de faire des mathématiques qui ressemblaient trop à de la métaphysique. Pour Borel, le mathématicien doit se préoccuper de la place qu'occupent les mathématiques dans la cité. Il fut ainsi conduit à chercher dans les mathématiques mêmes une alternative à certains aspects les plus discutables de l'approche cantorienne.

10. J. S. Mill, *Système de logique déductive et inductive* [1843], troisième édition Paris, Félix Alcan, 1889, t. II, p. 64.

Une question posée était par exemple la suivante : qu'est-ce que connaître un nombre réel ? On sait que la question avait préoccupé Cantor mais la réponse qu'il y apporta n'était pas une réponse mathématique satisfaisante pour Borel, car les arguments sur la comparaison des infinis par exemple[11] ne s'appuyaient pas pour lui sur une intuition tangible. Borel proposa à la place une approche statistique de la nature des nombres réels, qui lui fut suggérée par les travaux d'un mathématicien suédois, Anders Wiman, qui lui-même s'inspirait de l'astronome Gyldén. Considérant le tirage aléatoire d'un nombre réel entre 0 et 1, Wiman étudiait certaines propriétés de ce nombre à travers sa décomposition en fraction continue. Chacun des termes de la décomposition devenait lui-même une quantité aléatoire et Wiman était arrivé en 1904 à déterminer la loi de probabilité des termes en faisant usage d'une propriété d'additivité dénombrable que Borel avait justement introduite dans sa thèse de 1894. On peut imaginer la stupéfaction de Borel à la lecture de Wiman. Son premier article probabiliste suivit immédiatement, en 1905, pour expliquer justement comment la théorie de la mesure permet d'approcher la question de la nature des nombres réels d'un point de vue probabiliste. En 1908 suivit son travail sur les probabilités dénombrables et leurs propriétés arithmétiques, certainement la première publication probabiliste majeure du XXe siècle. Une fois effectuée le tournant probabiliste, on peut en chercher les « applications aux sciences mathématiques ». Ainsi, à la question de Cantor, *qu'est-ce que connaître un nombre réel ?* on peut répondre en disant : eh bien, examinons la probabilité pour qu'un réel tiré au hasard possède telle ou telle propriété.

Le deuxième facteur est la fondation, en 1905 également, de la *Revue du mois* et ce n'est pas un hasard si le premier numéro contient la leçon inaugurale de Volterra dont il a été question plus haut. Cette fois, le but de Borel, qui fut plus tard député et même ministre, était clairement politique : il faut agir sur le monde. Dans cette perspective, le rôle du scientifique est de proposer le traitement scientifique des questions sociales. S'il en est ainsi, la prise en considération des statistiques s'impose. Un exemple est fourni par la réaction de Borel au travail de Binet sur « Les révélations de l'écriture »[12]. La graphologie, c'est très bien, remarque Borel, mais elle mériterait un traitement scientifique plus solide. Et il est clair que dès le début, le substrat scientifique de la statistique ne peut être que la théorie des probabilités. En résumé, depuis Laplace et Poisson, Borel est le premier grand mathématicien en France à prendre les probabilités au sérieux. Cela devient même le combat scientifique de sa vie. Ses interventions dans la *Revue du mois* portent quasi exclusivement sur ce sujet et pourraient s'intituler : *Défense et illustration des probabilités*. Ce sont les mathématiques les plus utiles au citoyen, parce que c'est sur elles que repose toute la statistique. La guerre de 1914 ne fera que le confirmer dans sa conviction. Elle permet en quelque sorte l'expérience des grands nombres grandeur nature : production, ravitaillement, déplacement des troupes, dans chaque cas on se trouve face à des tableaux de chiffres.

Ce combat pour les probabilités, Borel le mènera en particulier dans le monde de l'enseignement. Cela le mènera à la création de l'Institut de Statistiques de

11 Par un argument dit diagonal, Cantor avait établi qu'il y a deux sortes d'infini, l'infini dénombrable, celui des nombres entiers ou des nombres rationnels, et l'infini non-dénombrable, celui des nombres réels. Il avait alors formulé la fameuse « hypothèse du continu », qui demande de comparer ces deux infinis.

12. A. Binet, *Les révélations de l'écriture d'après un contrôle scientifique*, Paris, Félix Alcan, 1906.

l'Université de Paris (ISUP, 1922). La ligne qu'il cherchera à y imposer peut se formuler ainsi : fini de rigoler, on fait des mathématiques, c'est-à-dire des probabilités. D'ailleurs au même moment, il lance la publication d'un traité sous formes de nombreux fascicules pour constituer une sorte d'encyclopédie des probabilités et statistiques dans les années 1920[13]. Cela vaut également de la création de l'Institut Henri Poincaré (IHP, 1928). La fondation Rockefeller, qui apportait sa contribution financière, insistait sur la physique mathématique mais Borel a tenu à asseoir l'Institut sur deux pieds : la physique mathématique, certes, mais aussi les probabilités. Toujours dans le monde de l'enseignement, Borel renonce à sa chaire de théories des fonctions pour une chaire de théorie des probabilités et de physique mathématique. Cette chaire avait été créée à la demande de Poisson, à une époque où la théorie des probabilités était totalement déconsidérée : en l'associant à la physique mathématique on avait au moins quelque chose de sérieux. Cette réorientation de Borel a été vécue par certains de ses collègues mathématiciens comme une trahison.

Dans le monde universitaire, Borel occupe ainsi au début des années 1920 une position multiple : d'une part sa chaire de probabilité, d'autre part la participation active à l'Institut de statistique. On peut se demander s'il fallait bien distinguer les deux. En réalité, cette dualité reflète assez bien la situation de la statistique vis-à-vis des mathématiques. Spontanément, aujourd'hui, les statisticiens sont plutôt vus comme des mathématiciens et il n'y a pas de département de statistiques qui ne soit en lien avec les mathématiques. Néanmoins, héritage d'une histoire complexe, le rapport des statistiques aux mathématiques est composite : le statisticien a bien sûr un pied dedans, mais il a aussi un pied dehors.

La conclusion qui ressort de toutes les réflexions de Borel a été très bien exprimée par Cavaillès : les probabilités sont la seule voie d'accès à l'avenir, car le monde n'est plus gouverné par la certitude mais est devenu « le royaume flou des approximations »[14]. Pour le dire autrement, le hasard n'est pas l'ennemi de la science. Une réponse probabiliste est une réponse parfaitement incontestable. Certains demandent la certitude mais cela n'a pas de sens. Émile Borel ironisait : certaines personnes disent qu'elles préfèrent la certitude comme elles préfèreraient aussi sans doute que 2 et 2 fassent 5. Dans le cas du rapport de la théorie mathématique à ses applications, Borel va donc infiniment plus loin que Poincaré. Ce n'est pas simplement une affaire de convention. Le problème porte sur la valeur objective des probabilités. Il est ainsi conduit à une réinterprétation du principe de Cournot ou principe des probabilités négligeables[15] : si la probabilité est suffisamment petite, on peut considérer que l'événement ne se produira pas. Toute la question consiste à savoir ce qu'il faut entendre par « probabilité suffisamment petite ». On est ainsi conduit à établir des échelles de petitesse, suivant les situations. Et c'est un des buts du statisticien que d'établir ces échelles.

13. M.-C. Bustamante, M. Cléry et L. Mazliak, « Le *Traité du calcul des probabilités et de ses applications.* Étendue et limites d'un projet borélien de grande envergure (1921-1939) », *North-Western European Journal of Mathematics* 1, 2015, p. 111-167.

14. Voir, dans ce même numéro, l'article d'Hourya Benis-Sinaceur, p. 47-63.

15. S'interrogeant sur le rapport existant entre la probabilité mathématique et la possibilité ou l'impossibilité physique d'un événement, Cournot avait proposé, dans son *Essai sur les fondements de la connaissance et la critique philosophique* (1851), le principe suivant : « l'événement physiquement impossible est celui dont la probabilité mathématique est infiniment petite, ou tombe au-dessous de toute fraction, si petite qu'elle soit ».

C. P. : *À la même époque, dans l'entre-deux-guerres, ne se passe-t-il rien du côté des sciences sociales ? Dans* Le suicide, *Durkheim avait fait un usage remarqué des statistiques. L'école durkheimienne l'a-t-elle suivi dans cette voie ?*
L. M. : En 1924, Fréchet et Halbwachs publient un livre important, qui résulte d'une conjonction originale[16]. D'un côté, un mathématicien ; de l'autre, un sociologue, de formation philosophique. Halbwachs enseigne à Strasbourg nouvellement française et qui doit donc servir de vitrine ; Fréchet s'inscrit dans la lignée borélienne, qui interdit de couper les mathématiques des questions pratiques. Halbwachs prend acte de ce que beaucoup de techniques mathématiques sont maintenant proposées pour le traitement des données, mais il perçoit très bien le danger, toujours actuel d'ailleurs : prendre ce traitement comme une routine dont on se contente de ne retenir que les conclusions, c'est absurde. Il est indispensable que les utilisateurs des méthodes statistiques aient une idée de la façon donc elles fonctionnent. Au point de départ de la démarche de Halbwachs, il y a donc une réflexion sur sa propre pratique. Mais l'idée qu'un sociologue ne peut jamais appliquer le calcul des probabilités sans réfléchir sur le social se heurte à une difficulté. Pour Halbwachs en effet, le principe même de la vie sociale, ce sont les interactions entre individus. C'est dire qu'il n'y a jamais indépendance, alors que l'hypothèse de base des statistiques, la loi des grands nombres, repose sur l'idée d'indépendance des événements. L'usage de la statistique probabiliste semble donc absolument exclu en sociologie. Or, par un paradoxe apparent, Halbwachs considère que l'usage des probabilités est fondamental en sociologie car le calcul des probabilités justifie l'utilisation de procédures statistiques qui permettent au sociologue d'expérimenter en éliminant certains facteurs causaux. On peut faire un parallèle avec la physique : dans l'analyse d'un phénomène, un physicien peut choisir de se concentrer sur un des paramètres en jeu en fixant les autres (par exemple, dans une expérience électrique, il choisit de fixer la tension et de faire varier une résistance). Naturellement, dans une « expérience » sociale où tout est sujet à variation, on ne peut pas vraiment fixer de paramètre. Mais on peut faire une hypothèse que certains paramètres moins significatifs sont fruits du hasard, et du coup, le calcul des probabilités donne un sens au fait de prendre une moyenne comme valeur typique. On peut illustrer ce type d'approche par l'exemple suivant. Supposons qu'on s'intéresse au taux de chômage dans une population, et qu'on observe deux types de variations : une variation interannuelle (année après année) et une variation intersaisonnière (d'une saison à l'autre). Si le sociologue fait l'hypothèse que les variations interannuelles sont essentiellement dues au hasard et que seules les variations intersaisonnières sont véritablement significatives, la loi des grands nombres lui permet de faire une moyenne sur plusieurs années de suite et de ne considérer que la variation inter saisonnière comme facteur causal. Comme on le voit, chez Halbwachs le calcul des probabilités, sorti par la porte, rentre en quelque sorte par la fenêtre.

Propos recueillis par Michel Bourdeau

16. M. Fréchet et M. Halbwachs, *Le Calcul des probabilités à la portée de tous*, Paris, Dunod, 1924. Une réédition devrait paraître prochainement aux Presses Universitaires de Strasbourg, dans une édition critique co-dirigée par E. Brian, H. Lavenant et L. Mazliak.

PARUTIONS

NOTE DE LECTURE

Angelo Giavotto

***Interlocutore di se stesso. La dialettica di Marco Aurelio,* (Interlocuteur de soi-même. La dialectique de Marc-Aurèle)**

Hildesheim – New York, Olms, 2008.

Ce livre analyse la méthode d'écriture philosophique de Marc-Aurèle à la lumière du but éthico pratique des *Pensées*[1], en étudiant à la fois les présupposés théoriques du texte de Marc-Aurèle, et leur mise en œuvre à travers les choix de certaines pratiques expressives. Si les *Pensées* comportent des réflexions philosophiques et des énoncés généraux, elles sont très souvent écrites sous la forme d'exhortations, d'ordres ou de demandes adressés par Marc-Aurèle à lui-même.

Les *Pensées* sont un écrit philosophique où la problématique éthique est prédominante; Marc-Aurèle ne prétend en rien exposer ou élaborer une doctrine, mais prêter assistance à sa tentative quotidienne de conformer son comportement aux principes du stoïcisme. Or pour cela, il est nécessaire de passer par la connaissance qui constitue le fondement des contenus éthiques : il faut analyser et expliquer les objets pour en déterminer une connaissance éclairante; il faut analyser les mots et les noms propres comme autant d'instruments de l'expérience de la connaissance et de la morale (III, 11[2]), le perfectionnement moral coïncidant avec l'imposition de termes indiquant la possession de vertu (X, 8).

Cette œuvre, qui n'était pas destinée à la publication, ne peut être pleinement comprise qu'en prenant en compte ses particularités expressives. Elle a fait l'objet d'un haut degré d'élaboration stylistique, en s'inspirant beaucoup de la littérature de diatribe sur les questions éthiques : l'interaction entre l'élève et le disciple est ici fondée sur l'interaction entre deux voix du même moi. Les *Pensées* sont composées par Marc-Aurèle dans les dernières années de sa vie et notées sur le champ de bataille; on y voit comment les principes éthiques stoïciens sont au fondement de la vie quotidienne de l'empereur. Or, pour maintenir vivants les principes du stoïcisme, il n'est pas suffisant d'énoncer une fois pour toutes la doctrine stoïcienne, il faut réussir à la rendre constamment présente à soi-même à travers des stratégies énonciatives

1. Le livre de Marc-Aurèle est désigné par A. Giavotto par le titre *Pensées*. Hadot avait refusé ce titre dans sa traduction, en rappelant à quel point le but que se proposait Marc-Aurèle était différent de celui que s'était fixé Pascal. Le problème ne se pose évidemment pas de la même façon en Italie.

2. Le livre d'A. Giavotto se réfère constamment au texte de Marc-Aurèle, dont il cite beaucoup de passages qu'il a retraduits. Nous donnons entre parenthèses les références des passages cités particulièrement importants.

précises. On peut ainsi dégager dans le livre de Marc-Aurèle des familles de chapitres autour d'un point de doctrine. On a par exemple une formulation de base : « les êtres qui ont part à quelque chose de commun recherchent ce qui leur est semblable » (IX, 9), principe qui va être développé tout au long de cette pensée en montrant que tous les êtres sont par nature portés à la cohésion, que les êtres rationnels le sont particulièrement mais qu'ils ont oublié cette tendance et s'éloignent les uns des autres. La nature est cependant la plus forte et ils seront rattrapés. Or on peut mettre en relation ce premier texte avec plusieurs autres passages (IX, 23; II, 16; IV, 29; VIII, 34; XI, 8) : dans tous les cas on discute l'aberration tant cosmologique qu'éthique de l'éloignement de l'individu de la communauté; dans tous les cas on a affaire à une analogie où sont constants le *tertium comparationis* (ici la séparation de l'unité) et le thème de l'analogie (l'individu), alors que le phore[3], au sens donné par Perelman à ce terme, varie : une tumeur, une branche séparée, une main ou un pied coupé, un rameau coupé (la tumeur se sépare de l'organisme, la branche du tronc, le pied ou la main du corps, le rameau de la branche). A. Giavotto montre pourtant qu'en reconnaissant ce groupe de chapitres comme formant un ensemble lié et cohérent, on constitue une sorte de réseau à travers lequel la doctrine s'élabore et se définit dans des formulations variées, et réussit ainsi à être constamment présente dans l'œuvre et dans la conscience de l'auteur.

A. Giavotto articule la question du rôle de la connaissance et celle des expédients textuels dans l'œuvre philosophique de Marc-Aurèle : c'est en comprenant comment un individu connaît les objets, ses semblables et les doctrines philosophiques qu'on peut éclairer la façon dont il organise son propre discours philosophique.

La première partie du livre d'A. Giavotto est consacrée à la théorie. Il étudie d'abord la base épistémologique des *Pensées;* il rappelle comment Hadot fait correspondre les trois parties de la philosophie – logique, physique et éthique – aux trois disciplines de l'assentiment, du désir et de l'action, et distingue trois temps dans le processus de la connaissance : l'impression, le jugement et l'assentiment. Il y a ainsi une contraposition entre un discours intérieur objectif, simple description de la réalité, et un discours intérieur subjectif qui fait intervenir des considérations conventionnelles ou des passions étrangères à la réalité. On peut à partir de là distinguer les différentes étapes de la connaissance : la sensation (*aisthesis*), pure prérogative du corps, est l'activité élémentaire qui constitue le niveau minimum du processus perceptif (III, 16; VI, 16). L'impression (*phantasia*), elle, est un effet produit par un objet extérieur sur l'âme; il est possible d'effectuer sur elle un travail d'application rationnelle, le sujet en faisant une impression cataleptique (VII, 54) – c'est-à-dire compréhensive, qui saisit la réalité effective des choses, et qui donne ainsi un critère de vérité. Le sujet, qui ne doit donner son assentiment qu'aux impressions qui ont été reconnues comme cataleptiques, évite ainsi

3. « Phore » est un terme venant directement du grec qui signifie ce qui porte, ce qui transporte. Dans son *Traité de l'argumentation*, Chaïm Perelman montre comment un raisonnement par analogie suppose une mise en relation entre deux structures, celle du thème et celle du phore.

que quelque chose qui n'a pas été perçu dans sa réalité effective pénètre dans la conscience. Si les impressions jouent un rôle fondamental dans la discipline de l'assentiment, elles ont aussi une signification éthico-pratique, l'action étant la conséquence d'une impression. Il va alors être très important de constituer des impressions propositionnelles : l'individu a la capacité de créer des impressions qui déterminent le contenu de la pensée et réussit ainsi à colorer son âme par l'effet des pensées (V, 16). Marc-Aurèle ne cesse de reformuler la même doctrine pour imprégner quotidiennement son âme dans le but de déterminer, grâce à ces nouvelles formulations, grâce à leur style, grâce à leur ton, les contenus de pensée et les actions qui en découlent. Les principes moraux sont aussi les effets des impressions. Les impressions provenant de l'extérieur sont donc la base pour constituer des impressions purement mentales : l'homme, en poursuivant avec constance son propre travail sur les impressions, peut réussir à avoir un contrôle complet sur la réalité et sur son propre comportement et se constituer ainsi une citadelle intérieure inexpugnable.

Cet intérêt pour la connaissance supposerait d'avoir non seulement des compétences aussi étendues sur un plan éthique, mais aussi sur un plan dialectique et physique – idéal que Marc-Aurèle a visé jeune, et qui s'est révélé incompatible avec sa fonction d'empereur. Il ne cesse cependant de rappeler l'exigence d'une vertu dialectique, qu'il s'est efforcé d'acquérir, et qu'on voit en particulier apparaître dans le premier livre dans le portrait de figures retenues comme exemplaires. Cette vertu dialectique suppose un exercice constant de la raison, et est toujours mise en relation avec une attitude morale, avec la disposition d'âme nécessaire pour être devant tout ce qui provient de l'extérieur. Le pouvoir correct des représentations appartient au pouvoir de la dialectique : elle constitue le présupposé théorique et opératoire de la réflexion éthico-pratique.

Ce rôle fondamental de la connaissance explique l'importance du concept de vérité qu'on doit éclairer à la fois sur un plan moral (un individu est véridique), sur un plan logique (un énoncé est vrai) et sur un plan ontologique (un objet, un être, un état de choses est vrai). La sincérité est une valeur très importante : le menteur, injuste sur un plan social, apparaît comme impie sur un plan cosmique, la nature universelle pouvant être appelée vérité (IX, 1). Il faut donc être très vigilant sur la vérité de l'expression, sur le style du discours vrai : si les mots permettent de comprendre les choses, ils présupposent un effort de la personne qui parle pour accéder à la vérité sémantique et pouvoir s'en servir. Et on doit pouvoir ainsi mettre en évidence une vérité ontologique grâce à une description juste d'un état de choses. On peut alors dégager à l'intérieur des *Pensées* un cercle de la vérité : un énoncé logiquement vrai, formulé par un individu moralement vrai (vérace, sincère), produit dans un acte de parole une connaissance vraie (épistémologiquement vraie d'un objet et ontologiquement vraie d'un état de choses), à laquelle doit se conformer le comportement éthique de l'homme pour vénérer la vérité cosmique et demeurer ainsi en harmonie avec l'univers rationnellement organisé. Et on voit aussi apparaître la relation dialectique entre les deux voix du même individu : Marc-Aurèle relatant véridiquement dans l'acte d'écriture une description correcte de la réalité s'assure à lui-même, en tant que celui qui va avoir fruit de l'œuvre, la connaissance correcte de la réalité, dans la conviction que cette connaissance, sans erreur et fausseté, déterminera son agir correct.

Une fois ces principes théoriques établis, A. Giavotto peut consacrer la seconde partie de son livre à l'écriture des *Pensées*. Il travaille sur les traits stylistiques et argumentatifs du texte de Marc-Aurèle considérés à la lumière de la doctrine épistémologique relevée à l'intérieur de l'œuvre. Il s'agit d'étudier comment une impression éthiquement significative peut être présentée, grâce à l'écriture, à la conscience de l'individu. Pour réussir à tenir vivants les principes, il faut constituer une liste d'axiomes, de type descriptif, qui vont être constamment perçus à travers l'opération d'écriture, de réécriture variée et de lecture. La forme brève joue ici un rôle essentiel : les sentences, forme déjà très présente chez Sénèque, permettent par leur noyau expressif de tenir vives dans l'âme les doctrines précédemment démontrées. Un sixième des chapitres des *Pensées* est écrit sous forme brève, en recourant à une grande variété d'expressions linguistiques : des assertions, des ordres ou des interdits. Ou bien la forme brève est donnée en point de départ, le travail de la méditation devant constituer ensuite à refaire le chemin d'argumentation qui permet d'aboutir à ce dogme ; ou bien les plus chapitres plus longs constituent une phase préparatoire qui culmine dans une sentence. A. Giavotto joue dans ce chapitre avec l'hypothèse que les *Pensées* pourraient être considérées comme une suite d'aphorismes, hypothèse insuffisante mais qui permet d'obtenir des résultats utiles. Deux résultats sont particulièrement importants : il met en évidence d'une part la prégnance perlocutoire et le rôle fondamental des deux voix du texte, et d'autre part les solutions expressives qui permettent de répondre à de tels buts (les modes des verbes, l'usage de la négation et de la supernégation – qui consiste à nier une attitude qui nie un principe droit, formulation très fréquente chez Marc-Aurèle : A. Giavotto relève quatre pages d'exemples –, et l'ajout d'un supplément épistémologique qui permet de faire passer un contenu descriptif dans un contexte particulier). Les modalités jouent ici un rôle important : A. Giavotto analyse le rôle des opérateurs modaux (il est possible que, il est juste que, il faut que). Ils permettent d'identifier la diversité des approches philosophiques (le naturel, le nécessaire, le devoir) et d'effectuer ainsi une analyse suivant divers points de vue : la nécessité physique, l'opportunité morale, le devoir. Or en analysant de près certains passages, A. Giavotto met en évidence une tendance dans les textes de Marc-Aurèle à assimiler entre elles les modalités : ce qui est nécessaire est pensé comme étant également opportun et comme devant exister, ou s'il s'agit d'une action, comme devant être accomplie. En conséquence les modalités sont applicables à une pluralité de perceptions propositionnelles : un contenu décrit, épistémologiquement vérifié, peut être complété avec un supplément modal déterminé ; ainsi constater que les méchants accomplissent des fautes va conduire à la fois à accepter cette réalité et à la considérer comme nécessaire à l'économie de l'univers.

Le chapitre suivant étudie le rôle des similitudes et du raisonnement par analogie qui apparaissent comme une technique argumentative fondamentale dans les *Pensées*. Les similitudes permettent d'abord d'établir des mises en relation et donc des généralisations entre des niveaux différents : montrer que l'intelligence, la raison, la loi nous sont communes va permettre d'aboutir à la thèse que le monde entier est comme une cité (IV, 4). Mais la similitude sert aussi de marqueur de thèses, et permet de confirmer le lien entre plusieurs chapitres séparés tout au long de l'œuvre : il y a bien souvent homogénéité du thème et du troisième point de la comparaison avec un phore qui est diversifié (tumeur, main coupée, abcès du monde, rameau coupé). Les similitudes des *Pensées* comportent une grande flexibilité dans la structure, dans le troisième point de la comparaison, dans le phore; en revanche les thèmes sont constants et sont tantôt Marc-Aurèle lui-même, tantôt le cosmos. En se posant lui-même ou ses masques comme thème de la similitude, Marc-Aurèle se donne un instrument pour se connaître lui-même en conformité avec le but de son œuvre. Le phore de similitude est alors choisi de façon très variée, en raison d'un principe fondamental du stoïcisme : il y a une intime cohésion des êtres qui constituent l'univers, qui sont tous soumis aux mêmes lois cosmiques.

Dans la similitude se reflètent ainsi les deux principaux intérêts de Marc-Aurèle : l'éthique pratique et la cosmologie. Sur le plan éthique le thème de la similitude est constitué par le sujet d'un comportement moral qui obéit à une loi universelle; sur un plan cosmologique, le thème est constitué par le cosmos, le phore étant un élément connu faisant partie de lui. Or en raison d'un point de vue éthico-cosmologique, essentiel dans le stoïcisme, Marc-Aurèle peut jouer sur des analogies qui ne reposent pas uniquement sur le semblable : à un thème humain ne correspond pas nécessairement un phore humain, mais d'autres éléments du réel, comme dans ce passage : « – Au petit jour, lorsqu'il t'en coûte de t'éveiller, aie cette pensée à ta disposition : c'est pour faire œuvre d'homme que je m'éveille. [...] Ne vois-tu pas que les arbustes, les moineaux, les fourmis, les araignées, les abeilles remplissent leur tâche respective et contribuent pour leur part à l'ordre du monde? Et toi, après cela, tu ne veux pas faire ce qui convient à l'homme? » (V, 1). Cette homogénéité entre les parties du réel est tellement étroite qu'elle permet de recourir à une ellipse, linguistique et conceptuelle, des opérateurs d'analogie en passant de la similitude à la métaphore ou au rapprochement avec une série (III, 2). Marc-Aurèle peut également recourir à des analogies inattendues : il est possible de connecter des parties du cosmos que la sensibilité commune considérerait comme inconciliables (IV, 6; XII, 16). On observe également comment la transversalité qui parcourt le cosmos et permet la relation du tout à la partie se reflète dans une transversalité du tout à la partie ou de la partie à la partie à l'intérieur du même individu (VI, 49; IX, 21).

Mais si les similitudes sont au fondement de la connaissance, elles ont souvent une coloration prescriptive, en raison du caractère paradoxal de l'homme qui, doté de la raison à la différence des autres êtres, n'obtempère pas aux devoirs que lui impose respect des lois universelles et immanentes (X, 33). Et les lois qui gouvernent le cosmos vont rendre possible la pratique d'analogies historiques : on peut comparer l'humanité passée et l'humanité présente, tant sous l'aspect des événements cosmiques, que sous celui de différentes époques, ou de différentes nations (XI, 1; IV, 32; IX, 30).

Se pose alors la question de l'interprétation philosophique de ces similitudes : faut-il en conclure à un pessimisme de Marc-Aurèle ? De nombreux textes, à la coloration héraclitéenne, ont pour phore le fleuve, le torrent ou le flux en général (VI, 15 ; X, 7 ; II, 17 ; IV, 43 ; V, 10 ; V, 23 ; VII, 19 ; IX, 29 ; X, 7). On pourrait penser que Marc-Aurèle en conclut à la vanité de la vie humaine et de celle de chaque partie du cosmos ; si on est cependant plus attentif aux textes, on voit que le flux et les transformations rendent le cosmos jeune et qu'elles ont donc un effet positif. L'analogie peut permettre la connaissance, thèse partagée par toute l'épistémologie stoïcienne, et la connaissance des choses du monde peut ainsi contribuer au progrès moral. L'expérience observable et répétable permet de dériver par analogie le comportement de l'intelligence : la mise en relation permet ici également d'aboutir à un résultat de type prescriptif. On voit donc bien à travers ces analyses comment l'écriture de Marc-Aurèle n'est pas un pur enregistrement mais doit permettre et de soutenir des connaissances cosmologiques, éthiques et épistémologiques et de jouer un rôle performatif sur un plan éthique.

Enfin, A. Giavotto consacre un dernier chapitre à d'autres stratégies argumentatives : les disjonctives qui peuvent jouer un rôle persuasif (VIII, 28 ; X, 3 ; VII, 33), qui permettent, en établissant la fausseté d'un des éléments du dilemme de mettre en évidence un argument *a fortiori* pour démontrer le résultat. Parmi ces disjonctives, une des plus intéressantes est le dilemme « ou le cosmos, ou les atomes » (IV, 3 ; VI, 10). Le focus ici n'est pas sur les modèles cosmologiques en eux-mêmes mais sur l'interprétation à donner aux événements qui arrivent en conformité avec eux. Marc-Aurèle répond à cette disjonctive en formulant sa propre opinion pour le cosmos ; l'option pour l'existence des dieux est donnée pour certaine (II, 11). On a également affaire à d'autres modules expressifs : dialogue fictif se référant à un interlocuteur imaginaire qu'on peut identifier à Marc-Aurèle lui-même (V, 1), des hypothèses par l'absurde permettant de formuler des arguments *a fortiori* (II, 14 ; IV, 19). Marc-Aurèle vérifie ainsi la validité et le caractère inattaquable de son propre point de vue en adoptant des hypothèses étrangères à son propre système philosophique. En se confrontant à lui-même tout au long de sa progression philosophique, Marc-Aurèle fait preuve d'une grande honnêteté : non seulement il est un être sujet à l'erreur à qui il faut donner ordres et interdits et proposer principes doctrinaux, mais un esprit à convaincre et à guider vers les actions droites à travers le terrain solide de la raison.

Le très grand intérêt du livre d'A. Giavotto réside dans sa méthode : expliquer Marc-Aurèle à l'aide de Marc-Aurèle. Il permet de montrer comment Marc-Aurèle a écrit les *Pensées* dans le but de tenir constamment vivants dans son esprit les principes du stoïcisme et de fonder sur eux ses actions et ses dispositions envers les êtres humains et les événements. On comprend ainsi quel fut et comment s'articule le projet philosophique de l'empereur. L'éthique, la connaissance et l'expression sont intimement reliées et inséparables : le progrès moral visé dans les *Pensées* est le fruit d'une solide pratique de la raison et se concrétise dans un langage qui doit être le reflet de cette pratique. L'intérêt moral de l'œuvre se fonde en effet sur une notion de connaissance, et sur l'analyse en particulier des embûches perceptives situées dans les objets, ou dans les organes des sens. Seule une perception solide, fondée sur la raison, fait pénétrer dans le principe directeur des impressions correctes des choses, permettant d'établir des notions solides pour fonder le comportement. Le sage peut ainsi disposer d'une vertu dialectique. Ces principes de connaissance sont développés chez Marc-Aurèle sous la forme d'un dialogue entre deux voix en lui, celle qui est le porte-voix des principes du stoïcisme, celle qui est sur le long chemin du perfectionnement moral permis par une telle philosophie. On comprend donc que le recours à des techniques expressives spécifiques soit absolument fondamental : recours à des formes brèves, à des raisonnements par analogie qui ont ici une valeur épistémologique essentielle en raison de la conception stoïcienne du monde dans laquelle tous les êtres et les parties de l'univers sont soumis aux mêmes lois. Et le livre met alors régulièrement en œuvre une dialectique de la communication, cherchant à démontrer des positions à la partie de lui-même avec qui il dialogue, de façon à conférer une plus grande crédibilité à sa position.

C'est ce travail sur l'écriture de Marc-Aurèle, sur son rôle philosophique fondamental, qui nous semble constituer à la fois l'aspect le plus fondamental et le plus original du livre d'A. Giavotto : l'écriture de Marc-Aurèle, bien loin d'apparaître comme une question formelle et un peu extérieure, joue au contraire un rôle essentiel sur un plan philosophique ; la plus grande originalité de Marc-Aurèle est moins dans sa doctrine qui ne prétend pas innover, que dans le recours à des formulations efficaces, à un ton qui doit jouer un rôle dans un comportement éthique quotidien. Être son propre interlocuteur, c'est chercher en permanence les meilleures stratégies pour se convaincre soi-même et réussir ainsi à avoir un comportement adéquat.

Barbara de Negroni
Professeur de philosophie, Lycée Auguste Blanqui, Saint-Ouen

ABSTRACTS

Pensée statistique, pensée probabiliste

Statistics : from Social Life to Science and Back Again

Olivier Rey

The prominent place of statistics in social life today is not an extension to human affairs of a scientific approach: it is indeed in the human domain that statistics has taken off, before entering the natural sciences and becoming a mathematical discipline. The true explosion of quantitative statistics during the first half of the nineteenth century was linked to the deep transformations of the realities and mentalities generated in Europe by the industrial and political revolutions. Statistics has proved to be a necessary and appropriate instrument of knowledge and management for large contemporary societies of individuals.

Statistics, Probability Theory and Justice

Leïla Schneps

Due to the increasing use of scientific analysis in criminal trials, probabilistic computations, long banished from the courts, are now making a powerful comeback. However, their usefulness is limited by the lack of comprehension of the trier of fact; this has led in the past decade to a massive effort to improve the presentation of mathematical arguments to people unfamiliar with the process of rigorous numerico-logical reasoning. In turn, this effort has revealed an issue that was previously invisible : we make a psychological difference between events that strike randomly (such as accidents or natural disasters) and events that are perpetrated by human beings (such as murders), which causes the latter to be considered as far more probable than the former even when the actual frequencies are strictly identical.

Does Probability Theory have an Objective or a Subjective Source ?

Alexis Bienvenu

The body of this essay is composed of a fictitious dialogue between Reichenbach and De Finetti. If it is true that these these two philosophers entered into a limited correspondence, there is no evidence a direct conversation ever took place between them. And yet, several historical facts do point to the possibility of an actual meeting; in 1935, they both attended the International Congress of Scientific Philosophy in Paris, and, in June 1937, they were both living in Paris. Relying on the possibility of this encounter as a pure hypothetical, the following imagined dialogue demonstrates the differences between their philosophical approaches to probability theory. Whereas Reichenbach defended an interpretation of probability strictly based on event-frequency, De Finetti was an advocate of the so-called subjective interpretation. This paper does not take sides in this debate, but rather explores the presuppositions of their respective conceptions.

Cavaillès and the Probability Calculus

Hourya Benis-Sinaceur

Although Cavaillès had read Borel's writings very early, he only showed an interest for probability theory when he became acquainted with the scientific notion of a wager. His close reading of works by Kolmogorov, von Mises, Wald, Jean Ville, Reichenbach and Borel resulted in the bright essay « Du collectif au pari ». There he enters the « fuzzy kingdom of approximations ». Opposing the objectivity of frequency analysis to the subjectivity of wagering, he brings knowledge and wagering together, also thereby renewing his thinking on empiricism and idealism, and on the divide between chance and necessity, by reading Borel through Spinozian and Hegelian lenses ; against the sanction of risk-taking by success or failure he makes its (yet-to-be-determined) philosophical significance prevail.

The service of the State : Machiavelli and Montaigne on a new virtue

Vincent Renault

Although Machiavelli incites the new prince to know how to « enter evil », he nevertheless maintains a moral perspective, that of Renaissance humanism, which is for him the criterion of good and evil in action. In order to make sense of that attitude, which may at first seem contradictory, one must consider the context in which the idea of the State was asserted in the 16th Century, and understand that Machiavelli is trying to analyse this new problematic virtue : the service of the State. But since that virtue justifies the violation of ordinary rules of « the good » in the face of the extraordinary, how is one to prevent it from eventually making those rules ungrounded, as every political situation tends to appear extraordinary ? In taking over that issue, Montaigne underlines the fragility of usual justifications given to rule-infringement, and especially the weakness of the utility principle. Praising constancy in the committments to one another, but without denying the primacy of the common good, he claims the tragical conflict between equal duties must be underlined, in a speech inviting to circumscribe more carefully the legitimacy of the State-service virtue.

Emile Borel (1908) : Probability Theory and the Individualist Mind

Alain Bernard

Here is presented and commented an article published in 1908 by the mathematician Emile Borel, in the journal Revue du Mois of which he was the chief-editor. Borel, taking as a reference an essay published by Georges Palante the very same year, focuses on the question of the individual and social acceptability of probability theory, as well as on the necessity to make it an object of common knowledge. This piece of reasoning was published at a time when the upheavals caused by the impact of probabilities on our perception of the world were still hardly known. It must then be understood in the light of contemporary debates on the notions of solidarity and individualism.

The entwining of Probability Theory and Statistics

Interview with Laurent Mazliak

A trained mathematician and an expert in probability theory, Laurent Mazliak first did research on stochastic control before turning to the history of mathematics. He worked on the emergence of modern probabilities in the early 20th Century. He also studied the influence of World War I on mathematical communities in different countries (France, Italy, Czechoslovakia, Bulgaria, Russia and USSR) and on the various changes it produced in the mathematical landscape, especially relating to the mathematics of chance in twentieth-century science[1]. He is currently a lecturer and researcher in Sorbonne University, and a member of the « Laboratoire de Probabilités, Statistiques et Modélisation ». We asked him to enlighten us on the close collaboration between probability theory and statistics. Although historically distinct, those two disciplines are now closely associated. What kind of specificity is claimed by each of them ? What is the precise nature of their collaboration ?

1 He is the author or co-author of the following works, among others : Laurent Mazliak and Rossana Tazzioli. Mathematicians at war: correspondence between Volterra and his French colleagues during World War I. Springer, 2009. / Antonin Durand, Laurent Mazliak et Rossana Tazzioli. Des mathématiciens et des guerres, CNRS-Alpha, 2013./ Laurent Mazliak. Le Carnet de voyage de Maurice Janet à Göttingen. Editions Matériologiques, 2013./ Marc Barbut, Bernard Locker and Laurent Mazliak. Paul Lévy - Maurice Fréchet : 50 years of mathematics. Springer, 2014./ Frédéric Brechenmacher, Guillaume Jouve, Laurent Mazliak and Rossana Tazzioli. Images of Italian Mathematics in France. The Latin sisters from Risorgimento to Fascism. Springer, 2016.

FICHE DOCUMENTAIRE

4e TRIMESTRE 2018, N° 155, 120 PAGES

Le dossier de ce numéro des *Cahiers philosophiques* se consacre à la différenciation d'une pensée statistique et d'une pensée probabiliste.
On lira dans la rubrique Introuvables un article d'Émile Borel écrit en 1908 portant sur le calcul des probabilités et la mentalité individualiste ainsi qu'un commentaire de cet article par Alain Bernard.
Enfin, la rubrique « Situations » publie un entretien avec Laurent Mazliak, mathématicien, historien des mathématiques et spécialistes des probabilités.

Mots clés

statistiques; probabilités; justice; individualisme; État; solidarisme; J. Cavaillès : 1903-1944; Émile Borel :1871-1956; Bruno de Finetti : 1906-1985; Hans Reichenbach : 1891-1953; Laurent Mazliak.

Vrin - Bibliothèque des Textes Philosophiques Poche
192 p. - 11,3 x 17,8 cm
ISBN 978-2-7116-2846-9 - déc. 2018

L'esprit et le cosmos. Pourquoi la conception matérialiste néo-darwinienne de la nature est très probablement fausse

Thomas Nagel

Une conception cosmologique du tout qui ne prend pas en compte l'esprit, la conscience, la connaissance et la valeur est engagée dans une impasse : telle est l'affirmation centrale de ce court essai. Thomas Nagel revendique son athéisme ; il n'adhère pas à une théorie du dessein intelligent, et encore moins à une explication créationniste. Toutefois, certaines positions philosophiques qui se réclament du darwinisme peuvent, elles aussi, conduire à une forme d'aveuglement sectaire. Les principes qui ont permis l'essor fantastique de la science moderne, loin de répondre à tout besoin d'explication, doivent alors être complétés ou modifiés. Seule une alternative au réductionnisme physico-chimique dominant permettra d'accéder à une véritable intelligibilité du monde et de la vie : il faut « inclure l'esprit résultat du développement de la vie en tant qu'état le plus récent de la longue histoire cosmologique » dans une théorie du tout.

Logique inductive et probabilité. 1945-1970

Rudolf Carnap

La constitution d'une logique inductive est le projet auquel Carnap consacra la plus grande partie de sa carrière philosophique, du début des années quarante à la fin de sa vie en 1970. L'objectif était de donner à la science empirique un cadre formel comparable à celui que la logique déductive offrait aux mathématiques, en proposant une analyse conceptuelle de ce qu'on appelle la confirmation d'une hypothèse par des données.

D'autres avant lui avaient envisagé une approche probabiliste de la logique inductive. L'originalité de Carnap tient dans son interprétation logique des probabilités, fondée sur le développement d'une analyse sémantique originale qui s'inspire autant du Tractatus logico-philosophicus de Wittgenstein que des travaux de Tarski.

Les textes ici réunis sont traduits pour la première fois en français. Ils éclairent non seulement l'histoire de la logique inductive au XXe siècle mais également les origines de quelques-unes des questions majeures de la philosophie des sciences contemporaine, comme le problème de la confirmation ou le bayésianisme en épistémologie.

Vrin - Mathesis
328 pages - 13,5 x 21,5 cm
ISBN 978-2-7116-2663-2 - nov. 2015

Cahiers Philosophiques

BULLETIN D'ABONNEMENT

Par courrier : complétez et retournez le bulletin d'abonnement ci-dessous à :
Librairie Philosophique J. Vrin - 6 place de la Sorbonne, 75005 Paris, France
Par mail : scannez et retournez le bulletin d'abonnement ci-dessous à : fmendes@vrin.fr
Pour commander au numéro : www.vrin.fr ou contact@vrin.fr

RÈGLEMENT

❑ France
❑ Étranger

❑ Par chèque bancaire :
à joindre à la commande à l'ordre de Librairie Philosophique J. Vrin

❑ Par virement sur le compte :
BIC : PSSTFRPPPAR
IBAN : FR28 2004 1000 0100 1963 0T02 028

❑ Par carte visa :

_ _ _ _ _ _ _ _ _ _ _ _ _ _ _ _

expire le : _ _ / _ _

CVC (3 chiffres au verso) : _ _ _

Date :

Signature :

ADRESSE DE LIVRAISON

Nom
Prénom
Institution
Adresse

Ville
Code postal
Pays
Email

ADRESSE DE FACTURATION

Nom
Prénom
Institution
Adresse
Code postal
Pays

ABONNEMENT - 4 numéros par an

Titre	Tarif France	Tarif étranger	Quantité	Total
Abonnement 1 an - Particulier	42,00 €	60,00 €		
Abonnement 1 an - Institution	48,00 €	70,00 €		
			TOTAL À PAYER :	

Tarifs valables jusqu'au 31/12/2018

* Les tarifs ne comprennent pas les droits de douane, les taxes et redevance éventuelles, qui sont à la charge du destinataire à réception de son colis.

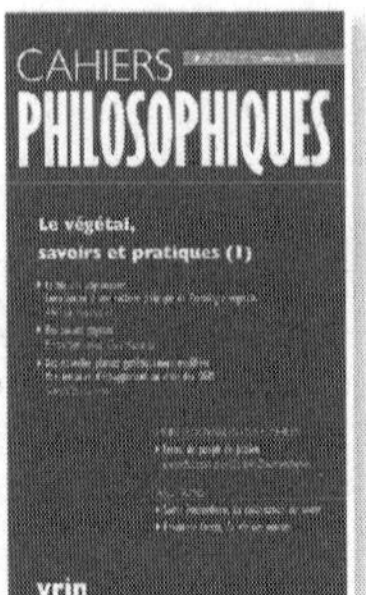

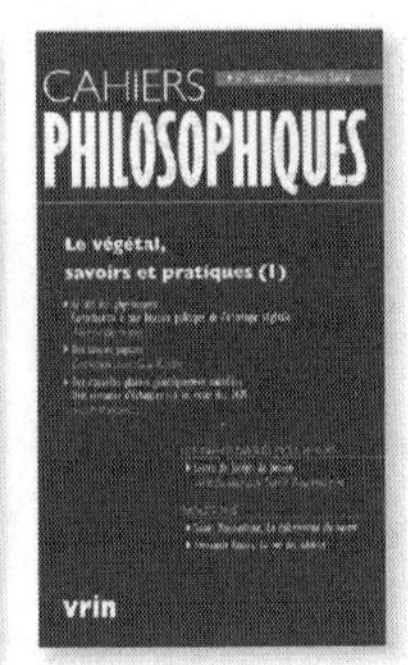

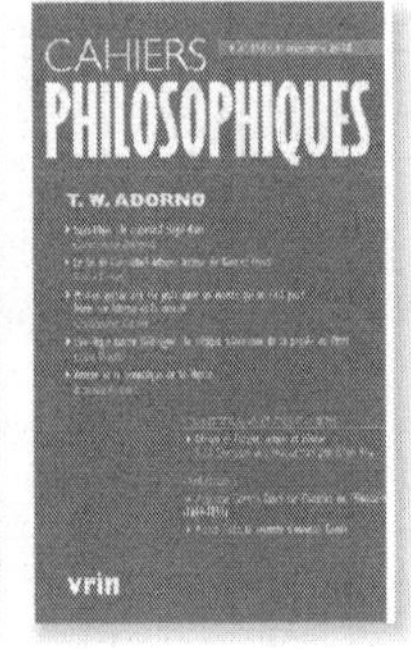

Derniers dossiers parus

De la théorie néolibérale
Numéro 133 – 2e trim. 2013

Varia
Numéro 134 – 3e trim. 2013

Mesurer
Numéro 135 – 4e trim. 2013

Le care : éthique et politique
Numéro 136 – 1er trim. 2014

L'Europe en question
Numéro 137 – 2e trim. 2014

Franz Fanon
Numéro 138 – 3e trim. 2014

Kant et Kleist
Numéro 139 – 4e trim. 2014

Diderot polygraphe
Numéro 140 – 1er trim. 2015

La révolution informatique
Numéro 141 – 2e trim. 2015

Approche sociale de la croyance
Numéro 142 – 3e trim. 2015

Siegfried Kracauer
Numéro 143 – 4e trim. 2015

Arthur Danto
Numéro 144 – 1er trim. 2016

Talmud et philosophie
Numéro 145 – 2e trim. 2016

Varia
Numéro 146 – 3e trim. 2016

Le travail du juge
Numéro 147 – 4e trim. 2016

John Stuart Mill
Numéro 148 – 1er trim. 2017

La mémoire
Numéro 149 – 2e trim. 2017

C. S. Peirce
Numéro 150 – 3e trim. 2017

Aperçus de la pensée stoïcienne
Numéro 151 – 4e trim. 2017

Le végétal, savoirs et pratiques (1)
Numéro 152 – 1er trim. 2018

Le végétal, savoirs et pratiques (2)
Numéro 153 – 2e trim. 2018

T. W. Adorno
Numéro 154 – 3e trim. 2018

Achevé d'imprimer le 18 mars 2019 par *La Manufacture - Imprimeur* – 52200 Langres
Imprimé en France – N° d'imprimeur : 190321 – Dépôt légal : mars 2019